Das Buch

Jutthunvaa', die besser als die meisten Jäger die Stimmen der Vögel nachahmen kann, zieht allein in die Wildnis, um sich das Recht auf ein freies Leben zu erkämpfen. Daagoo träumt davon, das Land zu finden, in dem die Sonne auch im Winter aufgeht. Doch dann fällt das Vogelmädchen in die Hände der schlimmsten Feinde seines Volkes. Daagoo überlebt als einziger einen Angriff auf die Jäger seiner Sippe.

Nach einem Hungerwinter kann er die Frauen und Kinder in die Obhut einer anderen Gemeinschaft seines Stammes geben. Endlich wird Daagoos Traum Wirklichkeit; die Jahre einer gefahrvollen Wanderung in den Süden beginnen. Für das Vogelmädchen sind es Jahre des Leidens im kältesten Norden. Man hat sie zu einer elenden Sklavin gemacht, man hat sie mißbraucht. Nicht einmal das Kind, das sie zur Welt gebracht hat, bleibt bei ihr. Und dann muß Jutthunvaa' hilflos erleben, wie auch ihre drei Brüder Opfer ihrer Peiniger werden. Nach glücklichen Jahren im Land der Sonne zerstört der Tod Daagoos neue Familie. Nichts kann ihn mehr in der Fremde halten. Am Ende einer beschwerlichen Rückkehr hört er von einer »verrückten Frau«, die sich mit einer schrecklichen Tat aus ihrer Gefangenschaft befreite. Daagoo, der vor Jahren einmal einem ungewöhnlichen Mädchen begegnet war, ahnt, wer die Frau ist, und macht sich auf den Weg zu ihr.

Kunstvoll verknüpft Velma Wallis zwei alte Legenden der Athabasken zu einem großen Stoff von epischer Tiefe, den sie in einer bestechend klaren und wunderbar einfachen Sprache zu erzählen vermag.

Die Autorin

Velma Wallis, 1960 als eines von dreizehn Kindern in Fort Yukon, Alaska, geboren, wurde in den traditionellen Werten ihres athabaskischen Volkes erzogen. Nach dem Besuch der High-School zog sie in eine Trapperhütte und lernte, vom Fischen, Jagen und Fallenstellen zu leben. Heute wohnt Velma Wallis mit ihrem Mann und ihren zwei Kindern wieder in Fort Yukon. Ihr großer Erfolg *Zwei alte Frauen* (01/10504) liegt ebenfalls im Heyne Verlag vor.

VELMA WALLIS

Das Vogelmädchen und der Mann, der der Sonne folgte

ROMAN

Mit Illustrationen von Jim Grant

Aus dem Amerikanischen von Angelika Naujokat

WILHEM HEYNE VERLAG
MÜNCHEN

HEYNE ALLGEMEINE REIHE
Nr. 01/10690

Titel der Originalausgabe
BIRD GIRL AND THE MAN WHO FOLLOWED THE SUN
An Athabaskan Indian Legend from Alaska
erschien bei Epicenter Press. Kenmore, WA.
All rights reserved. Veröffentlicht in
Zusammenarbeit mit Linda Michaels Ltd.,
International Literary Agents.

Besuchen Sie uns im Internet:
http://www.heyne.de

Umwelthinweis:
Das Buch wurde auf chlor-und säurefreiem
Papier gedruckt.

ISBN 3-453-14098-2

Dieses Buch ist allen Stämmen der Erde gewidmet. Wir alle unterscheiden uns voneinander – als Individuen, Gruppen und Nationen –, doch wir müssen uns über Haß und das Böse hinwegsetzen und wie ein einziger Stamm um das Gute kämpfen. Wir alle haben in der Vergangenheit gelitten und vieles erduldet. Mögen wir die Kraft besitzen, unserer Zukunft entgegenzutreten.

Velma Wallis

Inhalt

KAPITEL 1

Zwei Rebellen

Vor langer Zeit lebte in einem Land, wo die Sonne im Sommer Tag und Nacht schien, aber während des bitterkalten Winters beinahe ganz verschwand, ein Stamm namens Gwich'in. Diese Indianer besiedelten die weiten Ebenen an einem mächtigen Fluß, den sie Yuukon nannten und der südlich der Bergkette verlief, die sich von einem Ende des Landes zum anderen erstreckte. Im Norden, hinter diesen Gipfeln, entlang der Küste des Nordmeeres, lebten die Ch'eekwaii, die Eskimos, die ihre Feinde waren.

Beide Stämme jagten das Karibu, ein Rentier, das in großen Herden über das weite Land zog. Jedes Jahr kamen sie von den Bergen, wo sie überwinterten, herab zu den Gebieten an der Küste, wo die Kühe ihre Kälber zur Welt brachten. Auf der Jagd nach diesen Tieren gerieten die Ch'eekwaii und die Gwich'in manchmal in die Jagdgebiete der anderen und verletzten Grenzen, die zu respektieren sie gelernt hatten. Schließlich führten

11

diese wiederholten Übertretungen und die blutigen Vergeltungsmaßnahmen zu großem Haß zwischen den beiden Völkern.

In jener Zeit lebten zwei Kinder, ein Junge und ein Mädchen, in verschiedenen Sippen der Gwich'in – zwei Rebellen, die Außergewöhnliches vollbrachten.

Der Junge war ein hübsches Kind. Sein langes, schwarzes, geflochtenes Haar schmiegte sich um ein Gesicht, das aufgrund seiner Jugend noch weiche Züge trug. Außer der durchschnittlichen Größe und einem schlanken Körper hatte er mit seinen Stammesgenossen wenig gemeinsam.

Den Jungen der Gwich'in wurde beigebracht, Spaß am Jagen und am Wettstreit zu haben, denn sie stellten später, wenn sie zu Männern herangewachsen waren, die Stärke ihres Volkes dar.

Aber dieser Junge interessierte sich nicht fürs Jagen, Ringen oder Wettlaufen. Er war ein Einzelgänger.

Sein Name war Daagoo, nach einem Vogel, dem Schneehuhn. Die Gwich'in verehrten den Vogel, der das Land bevölkerte, und sie wünschten sich, daß ihre Kinder die Kraft und die bewundernswürdigen Fertigkeiten dieser Tiere erlangten. Um ihnen zu helfen, genauso trittsicher zu sein wie ein Schneehuhn, schmückten viele Eltern die Mokassins ihrer Kinder mit kleinen Mustern, geflochten aus mit Pflanzen gefärbten Stachelschweinborsten, die Schneehuhnfüße darstellten.

Daagoos Eltern gingen noch einen Schritt weiter und gaben ihrem Sohn den Namen dieses Tieres. Mit der Zeit wurde der Junge jedoch nicht nur sicher auf den Beinen, sondern auch ebenso unstet wie der Vogel. Ständig war er unterwegs, um die Seen und Sümpfe, die kleinen Wasserläufe und Flüsse in den weiten Ebenen zu erforschen.

Wenn er sich im Lager aufhielt, verbrachte der neugierige Junge viel Zeit damit, lästige Fragen zu stellen. Eine Frage insbesondere ließ auf dem Gesicht der Älteren immer ein Lächeln erscheinen. Daagoo wollte wissen, was mit der Sonne im Winter geschah, wenn sie sich scheinbar in den Süden zurückzog und jeden Tag weniger hoch in den Himmel stieg, bis sie ganz am Horizont verschwunden war.

Um das Kind zufriedenzustellen, erzählten ihm die Älteren vom Land der Sonne, einem warmen Land im Süden, wo die Sonne das ganze Jahr über schien. Vor vielen Jahren – so hieß es – sei eine Gruppe von Gwich'in dorthin gereist. Einige von ihnen hatten das Land der Sonne auch erreicht, während andere aus Angst vor den unbekannten Gegenden umgekehrt waren.

Ein älterer Mann erklärte, daß sein Urgroßvater einer derjenigen gewesen sei, die in den Norden zurückgekehrt waren. Er beschrieb die alte Route zum Land der Sonne, die sein Urgroßvater an ihn weitergegeben hatte, und zeichnete eine Karte für den kleinen Daagoo. Dieser übertrug die Karte begeistert auf ein Stück gegerbte Elchhaut, das ihm seine Mutter gegeben hatte.

Wenn Daagoo andere Erwachsene nach diesem Fabelland fragte oder ihnen seine Karte zeigte, runzelten sie oft nur die Stirn, denn die meisten nahmen solche Legenden nicht ernst. Aber Daagoo glaubte unbeirrt daran. Der kleine Junge schwor sich, daß er eines Tages das Land der Sonne finden würde.

Viele Meilen von der Stelle entfernt, wo Daagoos Sippe ihr Lager aufgeschlagen hatte, zog eine andere Sippe umher, in der ein junges Mädchen lebte. Sie wurde Jutthunvaa' genannt, nach dem Schmuck, den sie trug. Seit sie ein Säugling gewesen war, hatte ihre Mutter, Na'Zhuu, Zierat für sie angefertigt. Sie machte Perlen aus dem Schienbein eines Elches, färbte sie und zog sie zu Ketten und Armbändern auf, mit denen sie ihre einzige Tochter schmückte.

Trotz aller Bemühungen Na'Zhuus, ihre Tochter schön und weiblich aussehen zu lassen, wurde Jutthunvaa' mehr durch ihren Vater und ihre drei älteren Brüder beeinflußt. Ihr Vater, Zhoh, brachte seinen Kindern bei, ihre eigenen Waffen herzustellen und sie zu gebrauchen. Von den Männern der Gwich'in wurde zwar erwartet, daß sie ihre Söhne auf diese Weise schulten, aber niemand verlangte, daß auch eine Tochter in diesen Fertigkeiten unterrichtet wurde. Zu jener Zeit brachte man den Jungen bei, zu jagen und Tiere aufzuspüren, während die Mädchen lernten, zu kochen, Kinder großzuziehen, Tierhäute zu gerben, zu nähen und eßbare Pflanzen und Heilkräuter zu sammeln. Aber Zhoh war stolz auf das Interesse seiner Tochter an Dingen, die er und seine Söhne taten, und daher ermutigte er sie, ebenfalls laufen und jagen zu lernen.

Das junge Mädchen war eine eifrige Schülerin. Es lernte sogar, die Rufe der Vögel, die über die weiten Ebenen hinwegflogen, perfekt zu imitieren – eine Fertigkeit, die Jäger hoch schätzten, denn sie verständigten sich untereinander mit Vogelrufen, so daß die Tiere, die sich in der Nähe aufhielten, nicht verscheucht wurden. Mit der Zeit hörte Na'Zhuu auf, Jutthunvaa' im Kochen und Nähen zu unterweisen und überließ es den Männern der Familie, ihre Tochter zu unterrichten. Sie protestierte nicht länger, wenn Zhoh und seine Söhne Jutthunvaa' mit ihrem Kosenamen anredeten: Vogelmädchen.

Die Jahre vergingen, und die Tochter von Zhoh und Na'Zhuu wuchs zu einer schönen jungen Frau heran. Vogelmädchen wurde zu einer geschickten Jägerin, die dazu imstande war, weite Strecken zu laufen und in den stärksten Flußströmungen zu schwimmen. Sie lief mit den Jungen im Lager um die Wette und rang mit ihnen, wobei sie ihre Gegner oft besiegte. Ihre Familie sah, wie sie zu einer starken und geschickten Frau heranwuchs, und sie empfanden Stolz und Bewunderung für sie. Aber andere Mitglieder der Sippe begannen, darüber die Stirn zu runzeln.

In dem Lager, wo Daagoo lebte, runzelten die Männer ebenfalls die Stirn. Sie verloren die Geduld mit diesem Jungen, der lieber loswanderte und seine Umgebung erforschte, statt zu jagen und die Fährte von Tieren aufzunehmen. Sein mangelndes Interesse zeugte von einer unverhohlenen Respektlosigkeit. Daagoos Vater, Ch'izhin Choo, mußte sich die meiste Kritik der Männer anhören.

»Er ist dein Sohn, und du trägst die Verantwortung für ihn«, sagten sie.

Ch'izhin Choo wußte keine Antwort auf ihre Vorwürfe. Er gestand sich ein, daß er und seine Frau dem Jungen zu lange erlaubt hatten, eigene Wege zu gehen. Nun, da Daagoo ein Mann wurde, würde es schwierig sein, ihn zu ändern, das wußte Ch'izhin Choo.

Dabei war es nicht Daagoos Absicht, ein schlechter Sohn zu sein. Er liebte seine Eltern und bemühte sich, sie zufriedenzustellen. Ab und zu jagte er kleinere Tiere, wie Stachelschweine oder Erdhörnchen, die bei den Gwich'in als Delikatesse galten, und brachte sie seiner Mutter als Geschenk.

Trotzdem war da noch etwas anderes in Daagoo, das er nicht verleugnen konnte. Er war von einer ungeheuren Wanderlust besessen. Oft bereitete er seinen Eltern Sorgen, weil er tagelang das Land durchstreifte, ohne ins Lager zurückzukehren.

Eines Abends, als Daagoo von einem langen Spaziergang zurückkam, wartete sein Vater auf ihn. Die kritischen Bemerkungen der anderen Männer lasteten schwer auf seinem Herzen, und so begann Ch'izhin Choo, seinen Sohn über dessen Verhalten zu befragen.

Daagoo antwortete eifrig. »Vater, ich bin neugierig auf dieses Land und auf das, was dahinter liegt. Und ich möchte mehr über die Berge dort hinten wissen.« Er deutete auf die entfernt liegenden Gipfel. »Ich frage mich, wie es an den Orten aussehen mag, wo wir noch nie gewesen sind. Jedes Jahr benutzen wir dieselben Pfade, um zu unseren Lagerstätten zu gelangen. Niemals weichen wir von unserem Weg ab, und ich schaue mir diese Berge an, die so weit entfernt sind und frage mich, was wohl auf der anderen Seite liegen mag. Bist du auch neugierig auf solche Dinge?«

»Mein Sohn, wenn ich mich hinsetze und über diese Berge nachdenke, wird uns das unser Fleisch bringen?« erkundigte sich Ch'izhin Choo mit ernster Stimme bei seinem Sohn. »Wird uns das in einer kalten Winternacht wärmen? Wenn unser Volk die Berge besuchte, würde das viele Leben kosten, denn wir wären gezwungen, viel kostbare Zeit zu vergeuden, in der wir lieber jagen und Vorräte für den Winter sammeln sollten. Die Menschen würden erfrieren und verhungern wegen solch einer verrückten Neugierde.«

Daagoo hörte ihm nur mit halber Aufmerksamkeit zu. »Vater, beschäftigt dich nicht einmal der Gedanke an die Sonne?« fragte er ungläubig. »Wo sie des Nachts hingeht und während des langen Winters, wenn wir im tiefen Schnee und der Kälte ums Überleben kämpfen? Die Alten haben vom Land der Sonne erzählt, einem warmen Land, wo die Sonne die ganze Zeit scheint. Wir sollten der Sonne folgen, statt einen weiteren Winter hier zu durchleiden.«

Ch'izhin Choo verlor die Geduld und schüttelte zornig den Kopf. Keines seiner Worte hatte den geringsten Eindruck bei seinem Sohn hinterlassen.

»Auch ich schaue die Berge an und frage mich, was wohl dahinter liegen mag, aber wir müssen unseren Verstand auf das richten, was wichtig ist, mein Sohn. Unser Überleben! Nichts könnte wichtiger sein.«

Ch'izhin Choo seufzte erschöpft, denn er wußte, daß es nicht so einfach sein würde, wie die anderen Männer glaubten, den Jungen zu ändern. Daagoo träumte davon, eines Tages der Sonne zu folgen. Diesen unmöglichen Traum wollte Ch'izhin Choo nach Möglichkeit zerstören, denn sein Sohn mußte tun, was Recht war, nämlich mit auf die Jagd gehen, um sein Volk am Leben zu halten.

Nicht lange nach diesem Gespräch kamen der Häuptling und die anderen Männer des Rats zu Ch'izhin Choo.

»Wir können das Verhalten deines Sohnes nicht länger dulden«, sagte ein Jäger. »Was wäre, wenn unser Leben von diesem Jungen abhinge? Dann wären wir bald tot. Er jagt ja nicht einmal!«

Ch'izhin Choo, den diese herausfordernden Worte trafen, beeilte sich, Daagoo zu verteidigen. »Ich habe meinem Sohn alles beigebracht, was er über das Jagen wissen muß. Solltest du oder ein anderer in diesem Lager jemals seine Hilfe benötigen, könnte er dein Leben und das Leben aller hier retten!«

»Genug!« sagte der Häuptling und hielt die Hände hoch, um die beiden Männer, die sich mit geballten Fäusten gegenüberstanden, zum Schweigen zu bringen. »Streitereien werden das Problem nicht lösen. Wir müssen uns vernünftig unterhalten.«

Er wandte sich Ch'izhin Choo zu und sagte: »Du wirst mit deinem Sohn reden. Sag ihm, daß wir seinen Ungehorsam nicht länger dulden werden. Wir alle wissen, was passiert, wenn Angehörige dieses Stammes sich weigern, den Regeln zu folgen.«

Daagoos Vater blieb nichts anderes übrig, als zustimmend mit dem Kopf zu nicken. Die Gwich'in lebten bereits seit Tausenden von Jahren in den weiten Ebenen und hatten ein striktes Regelwerk entwickelt. Jedes Mitglied der Gruppe mußte seine oder ihre Pflichten klaglos erfüllen, damit das Überleben gesichert wurde. Gehorsam wurde mit Strafe erzwungen. Es kam vor, daß Stammesmitglieder aus der Gruppe ausgestoßen wurden, weil sie sich weigerten, die uralten Sitten und Gebräuche zu akzeptieren. Eine stillschweigende Übereinkunft besagte, daß die Gwich'in nicht nur die Tiere und das Land selbst benötigten, um zu überleben, sondern die Mitglieder der Sippe auch aufeinander angewiesen waren. Sie kannten die Wichtigkeit von Gehorsam und die schrecklichen Konsequenzen, die eine unkluge Rebellion nach sich ziehen würde.

KAPITEL 2

Ein Treffen am Fluß

Bevor Ch'izhin Choo mit seinem Sohn reden konnte, hatte sich der bereits zu einer weiteren Wanderung über die weiten Ebenen aufgemacht. Es gab noch so viele Stellen, die es zu erforschen galt! Er liebte es ganz besonders, auf die Hügel weiter im Norden zu steigen, denn von dort konnte er auf die in der Ferne liegenden Berge hinüberblicken oder auf die Ebenen zurückschauen, die sich, durchschnitten vom Yuukon, Hunderte von Meilen weit erstreckten.

Heute wanderte er an eben diesem großen Fluß entlang. Im Sommer kämpfte sich der größte aller Fische, der Lachs, gegen die Strömung hier herauf, wo er von den Gwich'in gefangen und zum Trocknen auf Weidengerüste gehängt wurde. Der Yuukon hatte den Gwich'in, solange sie sich erinnern konnten, als Lebensgrundlage gedient.

Daagoo folgte einem Pfad, den er nicht kannte. Das tat er immer, wenn er sich auf Entdeckungsreise machte. Es war die Spannung, nicht zu wissen, wo ein Pfad endete, die ihn dazu brachte, weiterzulaufen. Manchmal lief er auf ausgetretenen Spuren an den Ufern der Flüsse und Moraste entlang und mußte feststellen, daß sein Weg plötzlich von Dickicht oder Weidenzweigen versperrt war. Diese Pfade waren von Bibern oder Kaninchen angelegt worden, denen es ohne Mühe gelang, unter solchen Hindernissen hindurchzukriechen. Er entdeckte auch Pfade, die von Frauen angelegt worden waren und die zu Beerenbüschen führten.

Einmal, an einem Frühlingsnachmittag, als der Tag sich langsam neigte und der Abenddämmerung näherte, hatte er ein Kaninchen und einen Fuchs entdeckt, die zwischen den Weiden hervorgeschossen kamen und bei ihrer Verfolgungsjagd beinahe über seinen Pfad hinwegflogen. Daagoo bestaunte dieses Schauspiel und fragte sich, ob andere Menschen wohl jemals Zeugen solcher Dinge wurden. Aber oft raste sein Herz auch vor Furcht, womöglich einmal den geheimnisvollen sprechenden Tieren aus den Geschichten seiner Mutter zu begegnen.

Während dieser neuen Entdeckungsreise, auf der Daagoo über all diese Dinge nachdachte, hatte er plötzlich das Gefühl, nicht allein zu sein, und als er aufblickte, entdeckte er eine junge Frau. Bevor er sich verstecken konnte, drehte sie sich zu ihm um. Für einen Moment starrten sich die beiden nur an.

Den Kindern der Gwich'in wurde schon von

frühester Jugend an eingeschärft, Fremden zu mißtrauen. Ihre Eltern jagten ihnen Angst ein, indem sie ihnen androhten, daß die Ch'eekwaii aus dem Norden kommen und sie mitnehmen würden, wenn sie zuviel Lärm machten. Obwohl dies lediglich dazu diente, die Kinder ruhig zu halten, wenn ein Tier in der Nähe war, erfüllten diese Geschichten die Phantasie der Kinder mit schrecklichen Bildern des Feindes, den sie noch niemals zu Gesicht bekommen hatten.

Daagoo war ein wenig erleichtert, als er sah, daß das Mädchen ein Kleid mit spitzen Fransen im Stil der Gwich'in trug. Seine Augen nahmen die bunten Knochenketten und Armbänder wahr, die sie schmückten, aber auch den Bogen und die Pfeile, die sie trug. Das machte ihn neugierig – es war eigenartig, ein Mädchen zu sehen, das Schmuck trug und auch Waffen mit sich führte. Daagoo hörte sich fragen: »Was machst du hier ganz allein?«

Das Mädchen lächelte erleichtert, da sie seine Worte verstand.

»Ich jage«, erwiderte sie schlicht.

Daagoo hob erstaunt die Augenbrauen. Während seiner ganzen Wanderungen war ihm bisher noch nie ein Mensch begegnet, von einem jagenden Mädchen ganz zu schweigen. Er wußte nicht, wie er auf dieses seltsame Mädchen, das seinen Weg versperrte, reagieren sollte. Sie stand wie er bewegungslos da und erwiderte seinen starrenden Blick.

»Wie lautet dein Name?« erkundigte sie sich schließlich.

Er nannte ihn ihr.

»Ich werde Vogelmädchen genannt«, sagte sie, obwohl er nicht nach ihrem Namen gefragt hatte. Als Daagoo nichts darauf entgegnete, fragte sie: »Was machst du hier?«

Daagoo suchte zögernd nach einer passenden Antwort. Menschen, die ständig um ihr Überleben kämpfen mußten, verstanden nie, warum er kostbare Zeit mit der Erforschung seiner Umgebung vergeudete.

»Ich wandere nur so herum«, murmelte er.

Vogelmädchens Augen füllten sich mit Neugier. Sie hatte noch nie von jemandem gehört, der einfach herumwanderte, und sie wollte mehr erfahren.

Aber es war Daagoo, der die nächste Frage stellte. »Sind deine Leute in der Nähe?«

Er spürte, wie seine Wangen unter ihrem direkten Blick erröteten. Sie war nicht wie die Frauen, die er kannte. Normalerweise hatte eine Frau Angst, einem Mann in die Augen zu blicken, besonders, wenn es sich um einen Fremden handelte. Und doch schaute sie ihn neugierig an und sprach als erste, statt ihn reden zu lassen.

»Ich jage allein. Meine Leute sind im Lager«, erwiderte Vogelmädchen. Sie erkannte, daß er nicht wie die anderen Jungen war. Die jungen Männer in ihrer Gruppe behandelten sie mit Wut und Verachtung, weil sie sich immer daran erinnerten, daß Vogelmädchen gegen sie gekämpft und gewonnen hatte. Sie wußte, daß die Jungen sich durch ihre Kraft und ihr selbtbewußtes Verhalten bedroht fühlten. Doch Daagoo schien nicht von ihr eingeschüchtert zu sein. Aber sie verstand immer noch nicht, was er damit meinte, wenn er sagte, daß er einfach herumwandere. »Jagst du auch?« fragte sie.

Daagoo beschloß, ihr keine allzu ausführliche Antwort zu geben. Zu oft hatte er Menschen verärgert, wenn er versuchte, ihnen seine Entdekkungsreisen zu erklären.

»Ich jage nicht sehr viel. Ich erkunde die Gegend«, erwiderte er.

Vogelmädchen spürte, daß ihr dieser Junge nicht die ganze Wahrheit sagte, aber sie hörte auf, Fragen zu stellen, denn sein Gesicht war starr wie eine Maske geworden.

Die beiden jungen Leute standen am Ufer des mächtigen Flusses, der unter ihnen hinwegfloß. Sie starrten in den warmen Sommertag, in den sich schon bald die Kühle des Herbstes mischen würde.

Schließlich sagte Daagoo: »Ich muß gehen.« Er wollte seine Wanderung fortsetzen. Obwohl ihn dieses Mädchen interessierte, drängte ihn doch seine Rastlosigkeit, weiterzugehen.

Die beiden verabschiedeten sich voneinander. Nachdem Daagoo ein Stück auf dem Pfad gegangen war, blickte er sich um und sah, daß Vogelmädchen ihm hinterherstarrte. Er wandte seinen Kopf schnell wieder um und schritt zügig weiter.

Vogelmädchen lächelte und schüttelte den Kopf. Was für ein seltsamer Junge. Manchmal unterbrachen ungewöhnliche Ereignisse die Eintönigkeit des täglichen Überlebenskampfes. Dieses hier würde sie nicht vergessen.

KAPITEL 3

Die Entscheidung des Häuptlings

Vogelmädchens Vater, Zhoh, stand in der Abenddämmerung und blickte hinauf zu einem winzigen Lichtschein am Himmel. Wenn dieser kleine Stern um diese Zeit des Jahres erschien, dann bedeutete es, daß der Sommer vorüber war. Wieder einmal war die Zeit gekommen, für den Winter zu planen. Er wandte sich um und trat in das Zelt aus Tierhäuten, in dem seine Frau saß. Sie warteten beide auf Vogelmädchen, um ihr die Neuigkeit gemeinsam mitzuteilen.

»Ist sie schon wieder zurück?« fragte Na'Zhuu ihren Mann, als er in ihren Unterschlupf zurückkehrte. Er schüttelte den Kopf.

Zhoh seufzte tief. Er wußte, daß es sich einfach anhörte, die eigene Tochter an die Regeln erinnern zu müssen, aber das war es nicht. Vogelmädchen befand sich in der Phase zwischen Mädchen und Frau. Sie konnte so sanftmütig sein wie ein Fisch, der ruhig unter der Wasseroberfläche schwamm, aber es gab auch Zeiten, in denen sich in ihren Augen die rebellische Wut eines alten, oft verwundeten Bären widerspiegelte. Zhoh erschauderte. Er fragte sich, woher er den Mut nehmen sollte, seiner Tochter von der Entscheidung zu berichten.

Zhoh dachte an die Zeiten zurück, bevor die Schwierigkeiten begonnen hatten. Er und seine Frau liebten ihre Tochter und hatten ihr erlaubt, zu laufen und zu jagen, statt sie zu zwingen, sich

die üblichen Fertigkeiten einer Frau der Gwich'in anzueignen.

Anfangs hatte niemand etwas einzuwenden gehabt. Vogelmädchen begann, wie ihre Brüder zu jagen, und brachte Fleisch für ihre Familie und andere Stammesangehörige, die sich nicht selbst versorgen konnten, ins Lager. Zhoh erinnerte sich, wie stolz er auf die Fertigkeiten gewesen war, die er und seine Söhne dem Mädchen beigebracht hatten. Sie konnte weite Strecken laufen, ohne müde zu werden, über gefallene Bäume springen und viele verschiedene Arten von Tieren jagen. Aber besonders stolz war Zhoh darauf, daß Vogelmädchen all dies besser konnte als die meisten jungen Männer in der Sippe, sogar besser als ihre eigenen Brüder. Dies warf ein helles Licht auf seine Begabung als Lehrer.

Erst heute, nachdem die anderen Männer mit ihren Beschwerden zu ihm gekommen waren, hatte er seinen Fehler erkannt. Obwohl Vogelmädchen ihre Familie mit Fleisch versorgte, billigten die anderen ihr Verhalten nicht. Sie waren der Ansicht, daß sie heiraten sollte. Eine kleine Gruppe von Männern hatte sich versammelt, um die Aufmerksamkeit ihres Anführers darauf zu lenken.

Der Häuptling war ein Mann, der sein Sinnen und Trachten darauf richtete, den Frieden zu erhalten und seine Leute dazu zu bringen, gemeinsam für das Überleben der Gruppe zu arbeiten. Er hatte keine Meinung über Vogelmädchen. Er sah nichts Schlechtes darin, daß sie Jägerin war, aber er sah auch keinen Grund, warum sie nicht verheiratet werden sollte. Jetzt würde sie jeder Mann gerne nehmen, aber später würde man sie für zu alt für die Ehe halten. Wenn jeder der Ansicht war, daß sie verheiratet werden sollte, dann würde er seine Pflicht tun und dafür sorgen, daß dies geschah.

Mit den anderen Männern im Rücken trat der Häuptling vor Zhoh und sagte mit gleichgültiger Stimme: »Deine Tochter ist alt genug, um verheiratet zu werden. Der Tag, an dem sie einem Mann hätte zur Frau gegeben werden sollen, ist lange vorüber. Wir verlangen, daß du einen Mann für sie auswählst.«

Zhoh blieb stumm. Er nahm an, daß diese Männer seine Tochter schon seit langer Zeit ablehnten. Sie war selbstbewußt, stellte dauernd Fragen und blickte den Männern gerade in die Augen – ganz im Gegensatz zu den anderen Frauen, die schweigend lauschten und ihren Männern gehorchten, ohne deren Autorität in Frage zu stellen.

Zhoh hätte seine Tochter gerne verteidigt und ihnen gesagt, daß sie noch einige Zeit benötigte, um sich an den Gedanken einer Heirat zu gewöhnen, aber er konnte nicht mit seinen Jagdgefährten streiten. Er wußte, daß die Schuld allein bei ihm lag. Er kannte die strikten Regeln, denen sein Volk seit vielen Generationen folgte, und war sich der Traditionen bewußt, die alles im Gleichgewicht hielten. Dennoch war er mit seiner Tochter nachsichtig gewesen und hatte eine Regel verletzt, die niemals hätte gebrochen werden dürfen. Er hatte die Pflichten seiner Frau übernommen und seine Tochter selbst unterrichtet. Nun würde Vogelmädchen den Preis für seinen Fehler zahlen müssen.

Spät am Abend hörten Vogelmädchens Eltern, die Tochter vor ihrem Zelt herumhantieren. Sie hatte einige Stachelschweine und Enten mitgebracht und legte sie neben dem Lagerfeuer ab, wo ihre Mutter sie am nächsten Tag zubereiten würde.

Sie wollte sich gerade wieder davonmachen, als sie die gedämpfte Stimme ihres Vaters aus dem Zelt vernahm. »Komm herein«, befahl er ruhig.

Vogelmädchen war überrascht, denn es war schon eine ganze Weile her, seit sie ins Zelt ihrer Eltern gebeten worden war. Sie trat leichtfüßig in den Unterschlupf, ein Weidengestell, das mit ungegerbten Karibuhäuten bedeckt war. Ihre Eltern saßen mit ernsten Gesichtern am Feuer. Die Asche glühte.

»Ja?« sagte sie. Ihre fragenden Augen widersprachen dem sanften Klang ihrer Stimme.

»Setz dich«, erwiderte ihr Vater.

Vogelmädchen setzte sich mit gekreuzten Beinen hin und blickte ihre Eltern an. Ihre Mutter vermied es, ihr in die Augen zu sehen, und die Stimme ihres Vaters klang angespannt. Irgend etwas war nicht in Ordnung.

»Was ist los?« erkundigte sie sich.

Zhoh war ein tapferer Jäger, der wegen seiner

Fertigkeiten und seiner Kraft bewundert wurde. Die anderen Männer respektierten seinen unglaublichen Mut, den er in den gefährlichsten Situationen zeigte. Aber Zhoh wußte, daß sie sich über ihn lustig machen würden, wenn sie ihn jetzt sehen könnten, denn er brachte es nicht fertig, mit seiner Tochter zu sprechen.

Na'Zhuu spürte das Widerstreben ihres Mannes und stieß ihm heftig den Ellenbogen in die Seite. Woraufhin Zhoh schnell sprach, darauf bedacht, die Sätze nicht auszuschmücken. Seine Tochter mußte die Wahrheit hören.

»Der Häuptling verlangt, daß du heiratest. Er sagt, daß wir nicht länger warten können. Du weißt, daß es schwere Strafen für diejenigen geben kann, die seinen Befehlen nicht gehorchen«, teilte er Vogelmädchen mit, die erstaunt zuhörte. »Morgen, wenn du bereit bist, werden wir einen Mann für dich finden.«

Zuerst reagierte Vogelmädchen nur mit einem Augenblinzeln. Sie konnte einfach nicht glauben, was sie da gehört hatte, aber aus der Ernsthaftigkeit, mit der die Eltern sie ansahen, schloß sie, daß ihr Vater die Wahrheit sprach. Da spürte sie, wie sich Widerstand in ihrem Inneren regte.

»Aber Vater«, protestierte sie, »können wir nicht warten, bis ich zur Heirat bereit bin? Ich brauche dazu noch einige Zeit!«

Vogelmädchen war sich bewußt, daß einige Stammesmitglieder sie ablehnten. Oft schon hatten sie ihre Gefühle verletzt. Die Mädchen zogen sie auf, die Jungen behandelten sie, als sei sie ein seltsames Tier, und die älteren Männer, als habe sie ihnen irgendein Unrecht getan. Für gewöhnlich lief sie zu ihrem Vater, wenn sie Trost und Verständnis brauchte. Und viele Male hatte ihr Zhoh versichert, daß die anderen sie eines Tages akzeptieren würden.

Nun war er nicht mehr blind vor Liebe zu seinem Kind. Ihm war klargeworden, daß sie niemals akzeptiert werden würde, solange sie nicht lernte, den Regeln zu folgen.

»Nein, meine Tochter«, entgegnete er. »Morgen werden wir gemeinsam tun, was ich gesagt habe. Wir müssen gehorchen, denn unser Häuptling will es so haben.« Sein Herz schmerzte, als er den verletzten Ausdruck auf dem Gesicht seiner Tochter sah.

Vogelmädchen erwiderte nichts. Während Zhoh noch sprach, wußte sie bereits, daß sie ihm niemals gehorchen konnte. Sie konnte keinen Mann heiraten, den sie nicht wollte. Sie konnte im Moment noch keine Kinder bekommen. Im Gegensatz zu den anderen Frauen hatte sie Freiheit erfahren. Und nun versuchte derselbe Mensch, der ihr diese Freiheit gewährt hatte, sie ihr wieder zu nehmen. Vogelmädchen kannte die Traditionen, nach denen ihr Volk lebte, aber diese eine konnte sie unmöglich akzeptieren. Sie war zu lange frei gewesen.

Ihr war bewußt, daß alles, was sie sagen würde, zu einer Auseinandersetzung führen mußte, daher schwieg sie, während ihr auf der Suche nach einem Ausweg aus dieser Falle viele Gedanken durch den Kopf gingen. Ihr Vater kannte sie gut, daher gab sie sich Mühe, ihre Gefühle zu verbergen. Statt dessen nickte sie ergeben mit dem Kopf.

Zhoh war von Zweifeln erfüllt. Er hatte für einen kurzen Moment die Rebellion in den Augen seiner Tochter gesehen, aber als Vogelmädchen wieder zu ihm aufblickte, entdeckte Zhoh lediglich eine tiefe Traurigkeit auf ihrem Gesicht. Er atmete auf. Offenbar hatte sie sich doch entschieden, zu gehorchen. Zhoh hörte seine Frau erleichtert seufzen, als sich Vogelmädchen erhob.

»Wir sehen uns dann am Morgen, Jutthun-vaa'«, sagte Na'Zhuu mit sanfter Stimme. Sie wollte ihrer Tochter irgendwie begreiflich machen, daß alles gut werden würde. Vogelmädchen nickte und verließ das Zelt.

Zhoh und seine Frau blickten sich an. Sie hatten erwartet, daß ihre Tochter einen Wutanfall bekommen würde. Statt dessen hatte sie kaum protestiert.

»Sie ist sehr müde«, bemühte sich Na'Zhuu, das Verhalten ihrer Tochter zu erklären. Beide fürchteten, daß Vogelmädchen sich nach einer erholsamen Nacht und einem guten Essen mit aller Kraft zur Wehr setzen würde.

KAPITEL 4

Ein gehorsamer Sohn

Nachdem er sich von Vogelmädchen verabschiedet hatte, war Daagoo weiter den Pfad entlang gelaufen und entdeckte, daß er viel weiter dem Ufer des Yuukon folgte, als er sich vorgestellt hatte. Er wanderte noch stundenlang, bis er beschloß, weit genug gegangen zu sein und wieder nach Hause zurückzukehren.

Im Lager warteten Daagoos Eltern voller Sorge auf ihn, denn er hatte ihnen nicht gesagt, daß er so lange wegbleiben würde. Sein Vater war entschlossen, ruhig zu bleiben und seinem Sohn so vorsichtig wie möglich beizubringen, daß von erwachsenen Männern erwartet wurde, verantwortungsvoll zu handeln und die Sippe zu unterstützen. Aber als Ch'izhin Choo sah, wie Daagoo mit einem sorglosen Lächeln auf dem Gesicht das Lager betrat, wurde er sehr zornig.

»Wie konntest du uns nur so in Angst und Schrecken versetzen?« brach es aus Ch'izhin Choo hervor. »Hast du denn gar keine Gefühle? Deine

Mutter hat sich alle möglichen Dinge vorgestellt, die dir hätten zustoßen können!«

Daagoo, der über den Ausbruch seines Vaters erstaunt war, versuchte, eine Erklärung vorzubringen, aber sein Vater fuhr fort, ohne ihn anzu hören.

»Wenn du dich weiterhin so benimmst, wirst du nicht länger zu dieser Familie gehören«, sagte er.

Daagoo starrte ihn ungläubig an. Seine Eltern hatten ihm seine Ausflüge immer erlaubt. Warum nun plötzlich dieser Sinneswandel?

»Vater, das kann doch nicht dein Ernst sein«, brachte Daagoo schließlich hervor.

»Es ist mein Ernst, Sohn. Wenn du dein Verhalten nicht änderst, will ich nichts mehr mit dir zu tun haben.« Ch'izhin Choo war sich bewußt, wie barsch seine Worte klangen, aber er war entschlossen, seinen Sohn dazu zu bringen, daß er sich änderte. Nur so konnte die Harmonie innerhalb der Sippe wiederhergestellt werden.

Daagoo wandte sich auf der Suche nach Unterstützung seiner Mutter zu, aber sie vermied es, ihn anzublicken.

»Von heute an wirst du an Jagd und Spurensuche teilnehmen, sonst bist du dir selbst überlassen«, sagte Ch'izhin Choo. Seine Stimme nahm einen sanfteren Klang an, als er den ernüchterten Ausdruck auf dem Gesicht seines Sohnes sah. »Du mußt lernen, dich wie ein echter Gwich'in zu benehmen. Geh auf die Jagd und kümmere dich um deine Familie. Wir brauchen einen weiteren Jäger.«

»Vater, mir ist klar, daß ich bisher meinen Teil nicht geleistet habe«, gestand Daagoo ein. »Aber wenn ich tue, was du von mir verlangst, wirst du mir dann erlauben, in meiner freien Zeit Wanderungen zu unternehmen? Ich kann beides schaffen.«

Ch'izhin Choo betrachtete Daagoo nachdenklich. Er hatte erwartet, daß sein Sohn versuchen würde, sich herauszureden. »Warten wir es ab, mein Sohn. Vielleicht, wenn sich herausstellt, daß du ein guter Jäger bist«, erwiderte er mit ruhiger Stimme.

In Daagoos Innerem entflammte ein stiller Groll bei dem Gedanken, daß man ihm nicht mehr erlaubte, das Land zu erkunden. Er spielte mit dem Gedanken, das Lager zu verlassen und allein zu leben, aber er wußte, daß er noch nicht so weit war, um selbständig überleben zu können. Vielleicht würde diese Zeit ja noch kommen. Für den Augenblick nickte er ergeben.

Daagoo brauchte nicht lange, sich den Gepflogenheiten im Lager anzupassen. Er bediente sich der Fertigkeiten, die sein Vater ihn gelehrt hatte und jagte Stachelschweine, Kaninchen, Gänse und Enten. Die anderen Stammesmitglieder bemerkten die Veränderung, die in dem jungen Mann vorgegangen war. Die Jäger nickten anerkennend. Sie hatten das Gefühl, gut daran getan zu haben, Ch'izhin Choo dazu zu bringen, seinem Sohn den rechten Weg zu weisen, denn Daagoo erwies sich als guter Jäger.

Daagoo spürte, daß sich die Einstellung der Sippe zu ihm geändert hatte. »Ich könnte genausogut ein Stück Holz sein«, dachte er wütend. »Wenn ich tue, wonach mein Herz sich sehnt, lehnen sie mich ab und drohen mir. Sie akzeptieren mich nur, wenn ich mache, was sie verlangen.«

Eines Abends, als sich die Männer auf die Karibujagd am nächsten Tag vorbereiteten, saß Daagoo am Feuer seiner Mutter und blickte sich im Lager um. Die Sippe würde für die längste Zeit des Winters hier bleiben, bis die Karibus weiterzogen.

Daagoo nahm den Anblick, der sich ihm darbot, den Klang, den Geruch dieses vertrauten Ortes in sich auf. In der Luft hing der Geruch des letzten Regens, und er vermischte sich auf angenehme Weise mit den Gerüchen des Bodens, der Bäume und des Rauchs. Kinder lachten, und man hörte die Eltern, die sie ermahnten, ruhig zu sein, falls sich Tiere in der Nähe aufhielten.

Obwohl ihm diese Art zu leben vertraut war, und er sich dabei wohl fühlte, wollte Daagoo mehr. Eines wußte er ganz genau: Wenn er bei seiner Sippe bleiben und sie niemals verlassen würde, um seinen Traum zu verwirklichen, so würde sein Geist langsam sterben.

Einige Meter entfernt beobachtete Shreenyaa, Daagoos Mutter, ihren Sohn. Sie erinnerte sich, daß er schon als kleiner, kräftiger Junge immer einen neugierigen Gesichtsausdruck gehabt hatte. Es war eine Freude gewesen, ihm dabei zuzusehen, wie er mit großem Eifer die Welt um sich herum erkundete. Nun machte er einen traurigen Eindruck und schien tief in Gedanken versunken.

Shreenyaa erinnerte sich, wie sie um den Sohn, der vor Daagoo bei einer Fehlgeburt gestorben war, geweint hatte. Sie und ihr Mann waren so überzeugt gewesen, daß ihre Jugend und ihre Kraft sie vor allem Übel beschützen würde. Sie waren nach dem Verlust des ersten Kindes wie gelähmt gewesen. Als Folge dieses Schicksalsschlages hatten sie sich von da an vorsichtiger benommen und gelernt, das Leben zu achten.

Als Daagoo geboren wurde, hatten sie Angst gehabt, auch ihn zu verlieren, deshalb waren sie übervorsichtig gewesen und hatten ihm jeden Wunsch erfüllt, statt ihn zum Gehorsam zu erziehen. In dieser Hinsicht hatten sie ihn verwöhnt. Nun litt er unter den Folgen und verstand nicht, warum sie sich gegen ihn wandten, wo er sie am dringendsten brauchte. »Eines Tages wird er es verstehen«, sagte sich Shreenyaa.

Sie rief ihm zu: »Dlak Zhuu ist vorbeigekommen, als du noch nicht hier warst. Sie hat eine Schüssel Preiselbeersoße gebracht. Möchtest du davon probieren?«

Daagoo stöhnte. Er wußte, was seine Mutter und Kleines Eichhörnchen vorhatten, aber er wollte nichts mit ihrer Kuppelei zu tun haben. Die meisten Jungen in Daagoos Alter waren bereits mit Mädchen verheiratet worden, aber er war entschlossen, sich dieser Verantwortung, die man ihm aufzuzwingen versuchte, zu entziehen. Mit einer Ehe wäre jede Möglichkeit, die Sippe zu verlassen und allein in die Welt zu ziehen, zunichte gemacht.

Daher beendete er sein Mahl und antwortete: »Nicht jetzt. Ich muß mich für die Jagd ausruhen.«

Als er wegging, hörte er, wie seine Mutter seufzte. Daagoo bedauerte, daß er seine Familie niemals würde zufriedenstellen können. Sein Vater wollte ihn zum Jäger machen, und seine Mutter wollte Enkelkinder. Alles, was sie sich wünschten, hing von ihm ab, und diese Belastung machte ihn unglücklich.

Er betrat seinen Unterschlupf, streckte sich auf der Schlafunterlage aus und starrte durch den Eingang auf den Himmel. Er beobachtete, wie die Sonne langsam unterging. Im Sommer schien sie strahlend aus großer Höhe herab, aber wenn sich der Winter näherte, gab die Sonne dieses Land langsam auf und ließ es kalt und dunkel zurück.

Daagoo spürte in seinem Inneren bereits die Trostlosigkeit, die der fallende Schnee bringen würde. Er stellte sich einen weiteren harten Winter vor und wie er sich verzweifelt bemühte, mit seiner Sippe zu überleben. In solchen Zeiten blieb jeder für sich, und alle wurden mürrisch und ängstlich. Alle waren sich bewußt, daß sie gegen die Natur um ihr Leben kämpften und taten klaglos, was man ihnen befahl. Da blieb keine Zeit für Träume oder Erkundungen oder auch nur für freundliche Unterhaltungen.

»Wie soll ich das nur aushalten, ohne verrückt zu werden?« fragte er sich.

Es lag Daagoo fern, Probleme zu machen, aber je länger er darüber nachdachte, daß er einen weiteren Winter in diesem Land verbringen sollte, desto unglücklicher wurde er. Er nahm sich vor, seinem Vater morgen, nach der Karibujagd, zu sagen, daß er sich von der Sippe trennen wollte.

Dieser Entschluß würde seine Eltern traurig machen, aber ihm war klar, daß er sich immer tiefer in das Stammesleben verstricken würde, wenn er noch länger ihren Wünschen folgte. Und dann müßte er seinen Traum aufgeben: dem Pfad seiner Vorfahren zu folgen, um herauszufinden, ob die Legenden über das Land der Sonne der Wahrheit entsprachen.

Daagoo zog seinen Plan, den er auf die Elchhaut übertragen hatte, hervor. Er trug ihn immer bei sich. Seine Finger glitten über den Pfad hinweg, der zum Land der Sonne führte. In seiner Phantasie erblickte er ein grünes, üppiges Land, wo die Nächte niemals kalt und dunkel und leer waren. Die glücklichen Menschen in diesem Land hörten in der Nacht niemals das einsame Heulen des hungrigen Wolfes. Das Leben war einfacher, und die Männer waren nicht gezwungen, durch den tiefen Schnee zu stapfen, auf der Suche nach einem Elch, der doch nie gefunden wurde. Diesen Ort mußte es einfach geben, denn die Stammesältesten erzählten solch lebendige Geschichten darüber! Daagoo beschloß wieder einmal, diesen Ort zu finden. Dann schloß er die Augen und schlief ein.

KAPITEL 5

Eine dickköpfige Tochter

Nachdem sie das Zelt ihrer Eltern verlassen hatte, ging Vogelmädchen zu ihrem eigenen Unterschlupf, betrat ihn jedoch nicht. Statt dessen lehnte sie sich ganz in der Nähe gegen eine Fichte, um ihre Gedanken zu ordnen. Sie hatte sich bemüht, eine gute Tochter zu sein. Ihre Erinnerungen waren angefüllt mit lachenden männlichen Stimmen und den ernsthaften Unterweisungen ihres Vaters. Wie oft hatte sie dagesessen und bewundernd zu ihm aufgeblickt, stolz darauf, mit ihm allein zu sein, während er sein Wissen über das Land und die Tiere mit ihr teilte und ihr erklärte, wie man sein Leben am besten einrichtete, um für die Familie sorgen zu können.

Für einen Moment dachte Vogelmädchen an ihre Mutter. Das Herz wurde ihr schwer bei der Erinnerung an Na'Zhuus sanftes, verständnisvolles Lächeln und die wundervollen Mahlzeiten, die sie zubereitete. Aber die Denkweise ihrer Mutter und ihre Art zu leben waren ihr fremd und würden es immer bleiben.

Dann drängten sich die Männer der Sippe in ihre Gedanken. Vogelmädchen löste sich von dem Baum und begann, mit wütenden Schritten auf und ab zu gehen. Sie würde nicht heiraten. Zumindest nicht so bald. Es gab noch zu viel zu tun. In diesem Jahr hatte ihr Vater mit einem kleinen Nicken geantwortet, als sie ihn bat, mit auf die Karibujagd gehen zu dürfen. Sie hatte die großartigen Karibuherden noch nie mit eigenen Augen gesehen. Als die Männer im letzten Herbst auf die Jagd gegangen waren, mußte Vogelmädchen mit den anderen Frauen und Kindern im Lager bleiben, aber ihre Brüder hatten ihr über die riesige Zahl von Karibus berichtet, die vor den jagenden Männern über die Abhänge der Hügel geflüchtet waren. Wenn ein Mann einen starken Arm hatte, konnte er viele Tiere zur Strecke bringen.

Wenn sie heiratete, dürfte sie kein Karibu erlegen. Statt dessen würde sie erneut mit den Frauen im Lager bleiben, während ihr Ehemann an der Jagd teilnahm.

Vogelmädchen dachte an die unverheirateten Männer im Lager und stellte sich vor, mit einem von denen, die sie immer verachtet hatten, verheiratet zu sein. Wenn ein Mädchen Glück hatte, wurde sie manchmal mit einem Mann aus ei-

46

ner anderen Gwich'in-Sippe, die zu Besuch war, verheiratet. Meistens jedoch wurde ein Mädchen innerhalb ihrer eigenen Sippe vermählt – nicht gerade mit jemandem, der nahe mit ihr verwandt war, aber mit einem Mann, den sie ihr Leben lang gekannt hatte. Mit besonders viel Pech konnte ein Mädchen an einen Mann geraten, dessen erste Frau gestorben war und ihm viele Kinder hinterlassen hatte. Dann wurde von der neuen Frau erwartet, daß sie sich um diese Kinder ebenso kümmerte wie um ihre eigenen. Das Leben einer Frau war nicht leicht.

Vogelmädchen stellte sich vor, wie es wohl wäre, verheiratet zu sein, sich um einen Säugling nach dem anderen zu kümmern, zu füttern, zu nähen, zu kochen, Jahr für Jahr, bis die Kinder erwachsen waren. Zu der Zeit wäre sie bereits eine alte Frau, die die jungen Leute nicht mehr in ihrer Nähe tolerierten, denn sie würde niemandem mehr Nutzen bringen.

Sie hatte sich oft gesagt, daß sie lieber tot wäre, als solch ein Leben zu führen. Für einem Moment erwog sie, sich das Leben zu nehmen. Aber Vogelmädchen war noch nicht bereit, zu sterben. Sie blieb wieder im Dunkeln stehen, blickte zum sternenbedeckten Himmel hinauf und dachte über das Dilemma nach, in dem sie steckte.

Sollte sie ihre Eltern dazu bringen, sie in ihrer Entscheidung, nicht zu heiraten, zu unterstützen, so würde ihre Familie ausgestoßen. Sich einer Entscheidung des Stammes zu widersetzen galt als Verbrechen. Auf diese Weise erhielten die Gwich'in den Frieden.

Plötzlich wurde sie von Hoffnung erfüllt. Es war für ihre Familie immerhin möglich, allein zu überleben. Die Männer und sie waren gute Jäger, und ihre Mutter und die Frauen ihrer Brüder konnten die anderen Arbeiten erledigen. Vogelmädchen wäre am liebsten zu ihrem Vater gelaufen und hätte ihn gebeten, sich von der Sippe zu lösen, aber als sie sich Zhohs strenges Gesicht vorstellte, wußte sie, daß ihr dieser Wunsch niemals erfüllt werden würde. Obwohl ihr Vater und ihre Brüder ihr erlaubt hatten, mit ihnen zu jagen, waren sie traditionell denkende Männer, die von ihr erwarteten, daß sie den Regeln ihres Stammes gehorchte.

Sie betrat ihren Unterschlupf und entzündete ein Feuer. Während sie darauf wartete, daß die Flammen die trockenen Zweige erreichten, die sie zuoberst gelegt hatte, lehnte sich Vogelmädchen zurück und versuchte nachzudenken. Sie konnte sich weigern, zu heiraten, doch dann würde man sie dazu zwingen. Danach gäbe es kein Zurück mehr. Nach der Hochzeit wurden die meisten Mädchen schnell schwanger. Vogelmädchen hatte viele junge Frauen gesehen, die innerhalb eines Jahres, nachdem man sie mit einem Mann verheiratet hatte, mit runden Bäuchen herumliefen. Sie erinnerte sich deutlich an die Schmerzensschreie, die von außerhalb des Lagers kamen, wohin sich die Frauen zurückzogen, um ihre Kinder zur Welt zu bringen. Manchmal, wenn die Geburt schwer gewesen war, kehrte nur die Hebamme mit einem hilflosen Säugling im Arm zurück.

Ein anderes Mal gebar eine unglückliche Frau ein Mädchen, und der Vater befahl, es töten zu lassen, da er sich einen Sohn gewünscht hatte. Und Vogelmädchen war Zeugin geworden, welchen Kummer die Frauen durchlitten, deren Kinder tot geboren wurden. Sie war sich sicher, daß sie es nicht würde ertragen können, Leben zu schenken, um es sterben zu sehen.

Mehr und mehr wurde Vogelmädchen bewußt, daß sie noch nicht bereit war, Ehefrau zu werden. Doch in einigen Stunden würde die Sippe langsam erwachen, und dann wäre die Wartezeit beendet. Ihr neues Leben würde beginnen.

Vogelmädchen sammelte schnell ihre Besitztümer ein. Es war nicht viel außer ihrer Schlafunterlage, ihrem Fell, ihrer Pelzkleidung und ihren Waffen: Pfeil und Bogen, Messer und Beil. Das war alles, was sie zum Überleben brauchte.

Sie kroch vorsichtig aus dem Zelt. Sollte irgend jemand sie dabei beobachten, wie sie das Lager verließ, würde er Alarm schlagen. Wenn erst einmal klar war, daß sie allein lebte und gegenüber den anderen keine Verpflichtung mehr hatte, würde sie vielleicht zurückkehren können, um ihre Familie zu besuchen. Oder sie würden ihr einen Besuch abstatten. Das hoffte sie inständig.

Vogelmädchen bewegte sich lautlos über den Boden, vorbei an Fichten, die sich sanft in der Herbstbrise bewegten. Sie entdeckte, daß sich der Himmel in den dunklen, kleinen Wellen des ewig dahinziehenden Flusses spiegelte. Als ihr klar wurde, daß sie nun für lange Zeit nicht mehr die Freude genießen konnte, im Sommer gemeinsam mit ihrer Familie zu fischen, schmerzte ihr Herz. Die Liebe zu ihrer Familie war tief, aber der Drang nach Freiheit war stärker. So begrub sie jetzt alle Gedanken an ihre Lieben und zwang ihre Beine, ruhig fortzuschreiten und nicht eilig vor denen davonzulaufen, die ihr die Freiheit nehmen wollten.

KAPITEL 6

Die Jäger

A m nächsten Morgen machten sich Daagoo und alle jagdtüchtigen Männer auf den Weg. Sie trugen Pfeil und Bogen auf dem Rücken, Messer und Axt festgebunden an der Taille und Beutel mit getrocknetem Fleisch und Fisch über der Schulter. Ihre Füße steckten in Mokassins. Die Männer schritten leise über den vertrauten Pfad zu den Weideplätzen der Karibus hoch oben in den Bergen.

Während des langen Weges wechselten sich die Männer dabei ab, die beiden langen Kanus auf den Schultern zu tragen. Nach der Hälfte der Strecke war Daagoo an der Reihe, eins der Kanus zu tragen. Es war aus kräftiger Fichtenrinde gebaut und an beiden Enden nach oben geschwungen. Birkenrinde machte es wasserdicht. Nach der Jagd würden die Männer die Kanus dazu benutzen, um das Karibufleisch auf einem flachen, schnell dahinfließenden Nebenfluß bis zum Lager hinabzutransportieren.

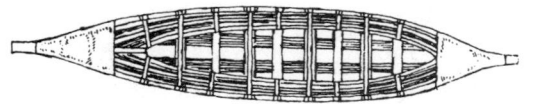

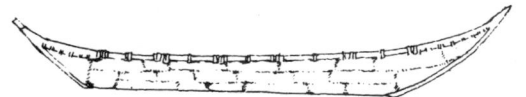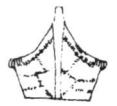

Die Jäger marschierten den ganzen Tag über, nahmen ein karges Mahl zu sich und legten sich dann hin, um zu schlafen. Bei Tagesanbruch machten sie sich für die Jagd fertig und wanderten dann zu einem Tal, nicht weit von ihrem Rastplatz, wo die Karibus grasten.

Nachdem sie eine Bergkuppe überwunden hatten, gelangten sie schließlich in das Tal. Dort bot sich Daagoo ein atemberaubender Anblick. Hunderte von Karibus standen über eine riesige Fläche verteilt. Äsend zogen sie Flechten aus dem Boden. Die Männer krochen auf die ahnungslosen Tiere zu, gegen den Wind, damit diese ihren Geruch nicht wahrnehmen konnten. Die Jäger behielten ihren Führer im Auge, der ihnen mit den Händen signalisierte, ob sie anhalten oder weiter vorrükken sollten. Daagoo achtete auf den Häuptling und auf seinen Vater vor ihm, aber er betrachtete auch die Karibus, die gemächlich das weiße Moos fraßen. Plötzlich spürte er einen Zweig unter seiner Handfläche und ehe er sich versah, hatte er ihn zerdrückt. Ein lautes Knacken ertönte. Als die Karibus die Köpfe hoben, hatte Daagoo ein Gefühl, als ob ihm das Herz stehenbliebe. Die Männer erstarrten, jeder in seiner Position. Nach einer Weile ließ die Aufmerksamkeit der Karibus wieder nach. Der Häuptling drehte sich um und bedeutete Daagoo zu bleiben, wo er war. Den jungen Jäger durchströmte ein Gefühl der Erniedrigung. Seine Unachtsamkeit hätte sie beinahe den Jagderfolg gekostet.

Daagoo sah zu, wie die Männer sich langsam der Herde näherten. Die majestätischen Karibus blickten sich ahnungslos um. Es machte ihn traurig, daß diese Tiere sterben mußten, damit seine Sippe leben konnte.

»Ich werde es niemals genießen, Jäger zu sein«, dachte Daagoo, und für einen Moment, während er seinen Vater und die anderen Männer beobachtete, die immer weiter an die riesige Herde heranrückten, verspürte er Bedauern.

Plötzlich sprangen die Männer auf. Sie warfen die Speere auf ihre Ziele und stürzten dann mit gezogenen Messern vorwärts, um das Leben jener Tiere, die in der Staubwolke der überlebenden, davonstürmenden Tiere zu Boden gefallen waren, zu beenden.

Als der Häuptling überzeugt war, daß sie genug Karibus erlegt hatten, um die Sippe bis zur nächsten Jagd in einigen Monaten zu ernähren, erlaubte er Daagoo, aus seinem Versteck zu kommen und an der Arbeit teilzunehmen. Die Männer häuteten die Tiere und zerlegten das Fleisch. Dann wickelten sie die Stücke in Karibuhaut und verschlossen sie fest mit geflochtenen Lederbändern. Anschließend zogen sie die gefüllten Häute mit Hilfe von Riemen zum Fluß.

Als sie dort angekommen waren, war es zu dunkel geworden, um noch den Fluß hinabzufahren, und so beschlossen die Jäger, eine weitere Nacht im Freien zu kampieren. Daagoo war erschöpft, denn er hatte hart gearbeitet, um seine Unachtsamkeit wiedergutzumachen. Er hatte zwei Karibus gehäutet und zerlegt und sie selbst zum Fluß hinuntergezogen. Statt entmutigt zu sein, fühlte er sich belebt. Die Arbeit hatte ihm Energie gegeben, und während die anderen Männer auf dem Boden einschliefen, starrte er ruhelos in den Himmel hinauf. Schließlich hielt er es nicht länger aus.

Er stand auf und schlich auf Zehenspitzen aus dem Lager zum Fluß. Dort fand er einen großen Felsen, auf dem er sich niederließ. Er schlang die Arme um seine Beine, starrte in das dunkle, samtene Wasser und betrachtete die Spiegelungen der Sterne, die zwischen den sich kräuselnden Wellen schimmerten.

Morgen, wenn einige der Männer in den Kanus davongefahren waren, wollte er seinem Vater mitteilen, daß er nicht bleiben wollte und deshalb in diesem Winter noch nicht mit ihnen auf die Jagd gehen konnte. Er hoffte, daß es ihnen auf dem

langen Marsch zurück ins Lager gelingen würde, ihre Unstimmigkeiten beizulegen.

»Schließlich bin ich ein Mann«, sagte er leise und versuchte, die Schuldgefühle, die er empfand, auf diese Weise beiseite zu schieben. »Ich kann jederzeit allein losziehen. Ich habe nur versucht, meine Eltern zufriedenzustellen, aber sie dürfen nicht das Gefühl haben, daß ich immer bei ihnen bleiben werde.«

Endlich fühlte er sich schläfrig und wollte sich gerade auf den Rückweg zur Lagerstätte machen, als von dort ein Schrei die Stille der Nacht zerriß. Daagoo erstarrte. Er spürte, wie sich seine Nackenhaare aufrichteten.

Lautlos eilte er auf den Schrei zu und versteckte sich dann zitternd vor Angst in einem Weidenhain. Er zwang sich, zwischen den Bäumen hindurchzusehen und entdeckte Männer, die sich um ein großes Feuer bewegten. Einer von ihnen drehte sich um und als die Flammen sein Gesicht erleuchteten, erkannte Daagoo, daß es sich um einen Eskimo handelte, einen Ch'eekwaii.

Wie die anderen Männer war auch dieser groß und trug helle Kleidung und kniehohe Mokassins. Sein Haar war schulterlang und sein Gesicht mit einem Knochen geschmückt, der seine Unterlippe durchstach.

Daagoo lief es vor Angst kalt den Rücken hinunter. Er beobachtete, wie die fünf Ch'eekwaii im Lager hin und her gingen, während die Männer der Gwich'in ohne jede Regung auf dem Boden lagen. Schrecken durchlief seinen Körper, als Daagoo klar wurde, daß die Männer im Schlaf ermordet worden waren. Die Ch'eekwaii mußten sich an die Schlafenden herangeschlichen und ihnen die Kehlen durchgeschnitten haben, bevor die Männer sich wehren konnten. Daagoo unterdrückte ein Schluchzen. Wenn die Ch'eekwaii ihn entdeckten, würden sie auch ihn umbringen.

Wie betäubt sah er zu, wie die Mörder sich in aller Ruhe im Lager umsahen und die Habseligkeiten der Gwich'in durchstöberten. Sie unterhielten sich aufgeregt, als sie die mit dem Karibufleisch und den Häuten gefüllten Kanus entdeckten. Dann entzündeten sie ein weiteres Feuer, ein Stück von den Toten entfernt, rösteten etwas Fleisch und aßen es genüßlich. Nach einer Weile legten sie sich auf den Boden und schliefen ein.

Erst als Daagoo sicher war, daß auch der letzte Mann schlief, wagte er es, sich zu bewegen. Seine Beine waren steif, als er sich langsam aus seinem Versteck schlich. Während er durch das Lager kroch, konnte er nicht umhin, einen Blick auf seine ermordeten Jagdgefährten zu werfen. Aber alles, was er sah, waren dunkle Gestalten auf dem Boden. Ein Gefühl des Verlustes und der Leere überkam ihn. In nur einer einzigen Nacht hatte sich seine ganze Welt verändert.

Während er sich verzweifelt bemühte, nicht vor Kummer laut zu schreien, erinnerte er sich an die

Lebenden, die weiter unten am Fluß ahnungslos schliefen. Die Ch'eekwaii schienen keine Eile zu haben, dieses Gebiet wieder zu verlassen, und es bestand die Gefahr, daß sie die hilflosen Frauen und Kinder der Gwich'in entdeckten. Er mußte sie warnen.

Daagoo überlegte, ob er versuchen sollte, eines der Kanus zu nehmen, aber sie lagen zu nahe an den schlafenden Ch'eekwaii. Obwohl er wußte, daß er auf dem Fluß schneller vorankommen würde, durfte er nicht riskieren, entdeckt zu werden.

Er bewegte sich lautlos vom Feuer weg und tauchte in die Dunkelheit ein. Das Sternenlicht half Daagoo, den Pfad wiederzufinden, der ihn in das Lager seiner Sippe zurückbringen würde, und er verfiel sofort in einen Trott. Er lief die ganze Nacht und erlaubte sich nicht, nachzudenken, an seinen Vater zu denken, wie er tot am Boden lag, nicht mehr in der Lage, seine Frau und seinen Sohn zu beschützen.

Bald schon kam die Morgendämmerung. Als Daagoo klar wurde, wie schnell die Ch'eekwaii das Lager erreichen konnten, lief er vor Verzweiflung noch schneller. Endlich nahm er in der frühen Morgenluft den Geruch von Lagerfeuern wahr.

Als Daagoo sich erschöpft dem Lager näherte, sah ihn eine ältere Frau, die sich an ihrem Feuer wärmte. Daagoo lief auf sie zu und winkte mit den Armen. »Die Ch'eekwaii kommen!« rief er atemlos. »Wir müssen fliehen!«

Innerhalb weniger Minuten waren alle wach und eilten umher, um ihre Besitztümer einzusammeln. Die älteren Frauen scharten sich um Daagoo, und auch die jüngeren, mit schlafenden Säuglingen auf dem Rücken, traten hinzu. Kindern wurden große, hastig zusammengepackte Bündel zum Tragen gereicht. Daagoo blieb keine Zeit, seine eigenen Sachen zu packen. Er führte die kleine Gruppe unverzüglich landeinwärts, fort vom Fluß. Niemand blickte zurück, aus Angst vor dem, was sie vielleicht sehen könnten.

KAPITEL 7

Die Gejagte

Nachdem sie aus dem Lager ihrer Sippe geflohen war, marschierte Vogelmädchen den ganzen Tag über bis in die Nacht hinein. Sie hatte keine genaue Vorstellung, wohin sie eigentlich gehen sollte, sie wußte nur, daß sie in Richtung der Weidegründe der Karibus laufen wollte. In ihrem Kopf formte sich langsam ein Plan. Sie würde dort warten, bis die Männer ihrer Sippe sich zur Jagd einfanden. Wenn es ihr gelang, einige Karibus zu erlegen, wären sie vielleicht derart beeindruckt, daß sie die Dinge mit ihren Augen sehen könnten.

Aber tief in ihrem Inneren wußte Vogelmädchen, daß dies nicht geschehen würde, denn die Gwich'in – und ganz besonders die Männer – würden sich niemals ändern. Wenn sie erst einmal etwas entschieden hatten, wurde es auch so gemacht. Selbst als die Eltern ihr erlaubt hatten zu jagen, hatten sie darauf bestanden, daß sie während ihrer Menstruation nicht an der Jagd teilnahm, aus Angst, daß sie allen Unglück bringen würde. Sie hatten ihr erklärt, daß das Verhältnis zwischen den Tieren und der Welt des Geistes sehr kompliziert sei. Insgeheim hatte Vogelmädchen solche Regeln stets als großen Unfug empfunden. Und nun war erneut eine alte Tradition der Grund, warum sich ihr Leben schwierig gestaltete. Für solche Traditionen hatte Vogelmädchen nur Verachtung übrig.

Sie würde ihren Leuten beweisen, daß sie allein überleben konnte. Sie beabsichtigte, in die Berge hinaufzusteigen und ein Winterquartier aufzuschlagen. Dort konnte sie jagen, Fleisch trocknen und eßbare Pflanzen und Beeren sammeln. Während sie an einem kleinen Fluß entlanglief, wurden ihre Schritte entschlossen und kräftig. Sie würde ihnen zeigen, was sie ohne Regeln oder Traditionen erreichen konnte.

Als die Nacht schießlich dem Morgen wich, begann die Sonne, den Tau zu trocknen, der die gelb werdenden Blätter hinabzog. Einige Sommervögel, die noch nicht nach Süden gezogen waren, zwitscherten in den Bäumen. Vogelmädchens Schritte wurden immer schwerer, aber sie hielt nicht an, denn sie wußte, daß sie noch nicht weit genug von ihren Eltern entfernt war. Die Tiefebenen erstreckten sich zwar über Hunderte von Meilen, aber ihre Familie würde ahnen, wohin sie ging – wohin jeder vernünftige Jäger gehen würde: in vertraute Jagdgebiete. Die geschickten Fährtenleser der Sippe hätten schon bald ihre Spur aufgenommen.

Erst am späten Nachmittag gestand Vogelmädchen sich ein, daß sie eine Ruhepause brauchte. Sie stieg einen Hügel in der Nähe eines kleinen Flußes hinauf und entdeckte eine bequeme Stelle unter einer langen Reihen von hohen, schmalen Fichten. Von dort aus war sie in der Lage, hinunterzuschauen und zu sehen, ob sich jemand näherte.

Sie setzte sich, lehnte sich gegen einen Baum und schloß die Augen. Sie spürte die warme Herbstsonne auf ihrem Gesicht, ehe sie einschlief. Nach einer Weile sah sie die schattigen Bilder der Gesichter ihrer Eltern vor sich und vernahm den Klang ihrer Stimmen, was ihren schlafenden Körper vor Anspannung zusammenfahren ließ.

Die Nacht kam und ging, und ein neuer Tag begann. Vogelmädchen schlief immer noch tief und fest. Ihr Kopf ruhte auf ihrer Brust. In der Morgendämmerung flogen Meisen und Elstern nahe an ihr vorbei und betrachteten den Eindringling in ihrem Gebiet mit neugierigen schwarz-glänzenden Augen. Raben krächzten in der Ferne, Eichhörnchen eilten geschäftig umher und verharrten nur einen Augenblick, um diese Frau zu betrachten, die an einem ihrer Bäume lehnte.

Der Tag war warm und still. Der kleine Fluß gurgelte über sein steiniges Bett und eilte auf seinem Weg zum breiten Yuukon dahin. Hohe Fichten erhoben sich in tiefem Grün vor einem klaren, blauen Himmel, und die Sonne schien zufrieden auf all das, was auf dieser Seite der Erde lag.

Als sich der zweite Tag dem Ende zuneigte, verlor die Sonne, die langsam im Westen unterging, trotz ihrer lodernden, roten Schönheit schnell an Wärme. Die Luft kühlte sich im herannahenden Abend ab, und Vogelmädchen begann endlich, sich zu regen. Sie öffnete die Augen und schaute sich um. Sie war sich nicht bewußt, wie lange sie geschlafen hatte, aber sie wußte, daß ihr Schlaf tief gewesen war, und das machte ihr angst. Wenn man allein in der Wildnis war, barg ein tiefer Schlaf viele Gefahren.

Ihre Zuversicht war ein wenig erschüttert, und sie stolperte unsicher ins Abendlicht hinein, um nach Zweigen für ein Feuer zu suchen. Die Welt kam ihr plötzlich fremd vor. Sie schob ihre Angst jedoch beiseite und weigerte sich, ihren dummen Gedanken freien Lauf zu lassen.

Sie entzündete das Feuer, indem sie zwei trockene Stöckchen gegeneinanderrieb und trockene Blätter und Gras daraufttürmte, bis die Funken zu einer Flamme geworden waren. Dann fügte sie noch mehr trockene Blätter hinzu, bis das Feuer genug Hitze hatte, daß sie darauf kochen konnte. Sie sammelte große Kiesel und legte sie ins Feuer. Als sie heiß waren, zog sie sie mit zwei Stöcken, die sie zu einer Gabel verbunden hatte, aus den Flammen und legte sie in eine kleine, mit Wasser gefüllte Schale aus Birkenrinde. Sobald das Wasser kochte, fügte sie grüne Blätter mit goldenen Spitzen hinzu, die sie von einer langstieligen Pflanze nahe am Fluß gepflückt hatte und bereitete sich auf diese Weise einen Tee.

Dann setzte sie sich wieder, wärmte sich, kaute getrocknetes Elchfleisch und starrte ins Feuer, das die Dunkelheit um sie herum erhellte. Sie fühlte die Kühle des Abends in ihrem Rücken und kauerte sich näher an das Feuer, als könnten sie die kleinen Flammen vor der Kälte ringsum schützen.

Während sie ihren minzartigen Tee trank, lenkte sich Vogelmädchen mit Erinnerungen an das Leben unter ihren Stammesmitgliedern von der unheimlichen Nacht ab. Als kleines Mädchen hatte sie ihre Mutter dabei beobachtet, wie sie Elch- und Karibuhäute gerbte und sie zu Kleidungsstücken und Mokassins zusammennähte. Aber als ihre Mutter versucht hatte, ihr diese Fertigkeiten beizubringen, hatte sie rebelliert und war davongelaufen, um ihrem Vater und ihren Brüdern zu folgen. Das Aufspüren und Jagen von Tieren war soviel aufregender, als stundenlang dazusitzen und sich auf eine Näharbeit zu konzentrieren. Mit den Jahren lehrte Zhoh sie, daß auch das Jagen Geduld und Konzentration erforderte, aber Vogelmädchen zog die Männerarbeit trotzdem weiter der Frauenarbeit vor.

Vogelmädchen erinnerte sich auch an vergangene Elchjagden mit ihren Brüdern und fragte sich, ob sie wohl imstande sein würde, allein einen Elch zu erlegen. Sie kannte viele der trickreichen Methoden, die die Männer anwandten, um Tiere zu jagen, wenn sie hungrig waren. Einen Elch konnte man beispielsweise erlegen, wenn man ihn in einen Pferch trieb, aber um einen solchen Pferch zu bauen, benötigte man mehrere Menschen, und es bedurfte großer Kraft, einen Speer durch das dicke Fell dieses Tieres zu stoßen. Frauen und Kinder durften nur dabei zusehen, wie die Männer den Elch in das eingezäunte Gehege trieben, wo die anderen Jäger warteten, um die Beute zu erlegen.

Doch einem einzelnen Jäger konnte es durchaus gelingen, ein anderes großes Tier – wie einen Wolf oder einen Bären – mit einer Bodenfalle zu fangen. Man hängte eine Schlinge aus kräftigem Elchleder über den Pfad des Tieres, die sich ihm dann um den Hals legte. Sobald es gefangen war, brachen die Zweige, mit denen man ein Loch im Boden bedeckt hatte, durch das Gewicht des Tieres ein, und es stürzte in die Grube. So starb es dann durch Erhängen.

Aber Vogelmädchen war der Ansicht, daß sie die größeren Chancen hätte, wenn sie sich auf die Jagd nach Karibus machte. Diese Tiere waren kleiner als Elche, und sie entfernten sich oft von der Hauptherde, so daß sie imstande sein würde, einige allein zu erlegen. Später im Jahr, wenn es schwieriger werden würde, die Tiere aufzuspüren, mußte sie dann aus den Bergen hinuntersteigen, um kleineres Wild zu jagen.

Mit dem ersten Licht am Horizont brach Vogelmädchen auf. Sie marschierte an dem seichten Gewässer entlang, das aus den Bergen herabfloß, wo sie ihr Winterquartier aufschlagen wollte. Nachdem sie viele Meilen auf die entfernt liegenden Berge zumarschiert war, begann endlich der Aufstieg.

Während Vogelmädchen hinaufkletterte, drehte sie sich einmal um, und als sie die Weite des

Landes erfaßte, stockte ihr der Atem. Für einen Moment kam sie sich klein und unbedeutend vor, und sie wandte sich ab, aus Angst, bei diesem Anblick ihre Zuversicht vollends zu verlieren.

Sie ließ ihren Blick über die Bergseite wandern und entdeckte eine Höhle, die von Weidendickicht und ineinander verschlungenen Fichten beinahe verdeckt war. Vogelmädchen lächelte. Das könnte ihr neues Zuhause werden. Es würde eine Weile dauern, die Höhle zu erreichen, aber sie hätte von dort einen guten Überblick, um sich nähernde Tiere und Menschen zu entdecken. Wie alle Menschen der Arktis wußte auch Vogelmädchen, wie wichtig es war, bei allem, was man tat, vorsichtig zu sein. Schließlich konnte jederzeit eine Gefahr auftauchen.

Nachdem sie die Anhöhe erklommen hatte, stellte Vogelmädchen fest, daß die Öffnung kleiner war, als sie gedacht hatte. Sie kroch vorsichtig in die Höhle und wartete, bis sich ihre Augen an die Dunkelheit gewöhnt hatten. Dann sammelte sie trockene Blätter vom Boden auf und zog noch einige Weidenzweige in die Öffnung, um ein Feuer zu entzünden, das gerade groß genug war, um das Innere auskundschaften zu können. Es war eine große Höhle. Der Boden roch modrig, und viele Spinnweben kitzelten ihr Gesicht. Diese Behausung war lange Zeit nicht benutzt worden, und das bedeutete, daß sie hier für eine Weile sicher war. Es würde noch etwas dauern, bis die Bären ihren Winterschlaf begannen und dann möglicherweise versuchten, ihr Heim wieder zurückzuerobern.

In den folgenden Tagen richtete sich Vogelmädchen in der Höhle ein. Sie verteilte junge Fichtenzweige auf dem Boden, um den modrigen Geruch zu vertreiben. In der Mitte ihres Unterschlupfes errichtete sie einen Feuerplatz aus Steinen. Dann verbrachte sie zwei Wochen damit, einen Holzvorrat für den Winter anzulegen.

Als Werkzeuge standen Vogelmädchen lediglich ihre Waffen und ein paar weitere Utensilien zur Verfügung. Um Nahrung aufzubewahren, brauchte sie eigentlich viele große Körbe aus Birkenrinde. Normalerweise sammelte man die Birke und die Wurzeln, die für solche Gefäße verwendet wurden, zu Beginn des Frühjahrs. Zu dieser Jahreszeit wurden die Fasern durch den Saft, der die Rinde löste, weicher gemacht; alles war nachgiebiger und leichter zu verarbeiten. Nun war die Rinde hart und ließ sich kaum biegen. Aber Vogelmädchen band die Birkenrinde, die sie von den Bäumen lösen konnte, mit den Sehnen, die sie bei sich trug, zusammen.

Sie füllte die fertigen großen Gefäße mit Beeren und verschiedenen eßbaren Pflanzen, die noch vom Sommer übriggeblieben waren. Sie jagte auch Enten, Kaninchen und Waldhühner und fing Lachs, der sich den kalten Fluß hinaufgekämpft hatte, und trocknete ihn.

Sie erlaubte sich nicht, ihre Zeit mit Gedanken an die Familie zu vergeuden. Statt dessen konzentrierte sie sich auf ihre Arbeit. Sie war hier, um zu beweisen, daß sie allein überleben konnte, und nur das zählte. Wenn der Schnee kommen und die bittere Kälte sie zwingen würde, viele Stunden in der Höhle zu verbringen, hatte sie noch genug Zeit, um über ihre Zukunft nachzudenken.

Bald schon hatte Vogelmädchen ihre Höhle mit Nahrungsvorräten gefüllt. Sie füllte auch die Verstecke, die sie in den Bäumen eingerichtet hatte, käfigähnliche Holzbehälter, die so hoch oben angebracht waren, daß die Tiere sie nicht erreichen konnten.

Schließlich war es Zeit für ihre erste Karibujagd. Trotz der kalten Nächte waren die Tage immer noch warm, aber sobald Vogelmädchen einen Blick auf die schneebedeckten Gipfel der Berge warf, wußte sie, daß der Winter bald kommen würde. Als die Blätter gefallen waren, machte sie sich auf den Weg zu jenen Bergen, in denen nach den Erzählungen der Männer ihrer Sippe die Gegend lag, wo sie nach Karibus jagten.

Vogelmädchen erinnerte sich, wie aufgeregt die Männer immer über die Karibujagd gesprochen und gelacht hatten, und für einen Augenblick wurde sie traurig. Die Sippe war nach solch einer Jagd immer besonders fröhlich gewesen, alle schienen während des Festmahls aus Karibufleisch zu einem einzigen Wesen zu verschmelzen. Dann aber riß Vogelmädchen sich zusammen, und mit einiger Anstrengung gelang es ihr, diese sehnsüchtigen Gedanken wieder aus ihrem Kopf zu verbannen.

Während sie weitermarschierte, kam ihr in den Sinn, daß sie beinahe ein Naa'in geworden war. Vogelmädchen erinnerte sich an die Geschichten der Stammesältesten über Männer, die in der Wildnis herumwanderten. Nun verstand sie, wer diese Männer waren: Menschen wie sie, Menschen, die sich nicht in ihre Sippe eingefügt hatten und sie verlassen mußten. Oft wurden sie wegen Ungehorsams oder Arbeitsverweigerung ausgestoßen. Wenn ein Mann seine Sippe verlassen hatte, wurde er auch von keiner anderen aufgenommen. Solche Menschen störten die Harmonie der Sippe, und eine gestörte Harmonie bedrohte das Überleben.

Naa'ins schlichen oft in Lager, stahlen Essen, manchmal auch Frauen oder Kinder. Oder sie beobachteten die Menschen vor lauter Einsamkeit aus einem Versteck in den Büschen heraus. Mit der Zeit betrachtete man sie als Nicht-lebendige-Wesen, mehr Geist als Mensch. Jeder, der einmal einen solchen Menschen gesehen hatte, sprach von seinem geisterähnlichen Verhalten.

Vogelmädchen wollte nicht zu einem Naa'in werden. Sie wollte versuchen, den Kontakt zu ihrer Familie zu halten. Aber im Moment sollten sie über ihr Verschwinden nachdenken. Wenn ihnen

klar wurde, was für eine gute Jägerin sie war, dann würden sie ihr möglicherweise erlauben, zu ihren eigenen Bedingungen zurückzukehren.

Es war ein langer Marsch, aber der Tag war freundlich und klar. Vogelmädchen kam gut voran. Nachts rastete sie in der Nähe des dahineilenden Flusses. Am nächsten Tag stand sie früh auf. Bei ihrem steilen Aufstieg konnte sie ihren Atem in der kalten Luft sehen, und der Frost knirschte unter ihren Füßen. Als sie den Kamm einer Anhöhe erreicht hatte, blieb sie stehen, um die Hügel unten und die zerklüfteten Bergspitzen vor ihr zu betrachten. Bald schon würden diese Berge durch den Schnee unpassierbar sein.

Sie wanderte an einem Plateau entlang und hoffte, daß die Karibus irgendwo in der Nähe weideten. Sie hatte Geschichten darüber gehört, daß es Karibus in einer solchen Vielzahl gab, daß es selbst einem ungeübten Jäger gelingen konnte, zwei Tiere zu erlegen, bevor die Herde davongaloppiert war. Ihr Herz klopfte heftig. Sie war sich sicher, daß sie mehr erlegen konnte, wenn die Zeit gekommen war.

Als sie einer Hügelkette ins Tal hinunter folgte, erblickte sie plötzlich Hunderte von Karibus unter sich. Sie beobachtete bewundernd, wie diese Tiere inmitten der leisen, gleichförmigen Geräusche der Natur friedlich grasten. Auf einen solchen Anblick war Vogelmädchen nicht vorbereitet gewesen. All ihre Entschlossenheit, diese Tiere zu jagen, war plötzlich verschwunden. Sie setzte sich auf den Boden, ganz versunken in diesen prächtigen Anblick.

Dann erblickte sie aus den Augenwinkeln eine Bewegung oberhalb der grasenden Herde. Sie konzentrierte sich darauf und entdeckte einige Männer, die sich an die Herde heranschlichen. Sie bewegten sich vorsichtig, verborgen unter Karibuhäuten, die sie mit dem braunen Gras und dem trockenen, braunen Boden verschmelzen ließen.

Schließlich nahmen die Karibus den Geruch ihrer menschlichen Jäger wahr und wurden unruhig. Bevor sie aber zur Flucht ansetzen konnten, erhoben sich die Männer unter den Häuten und warfen ihre Speere. Die Karibus stürmten in einem wilden Rennen um ihr Leben davon.

Vogelmädchen starrte bewundernd auf die vielen Karibus, die die Jäger erlegt hatten. Wer waren diese Männer? War es ihre eigene Sippe? Aus ihrer Aufregung, sie so nahe zu wissen, schloß sie, wie sehr sie alle und besonders ihre Familie vermißt hatte. War sie womöglich doch bereit, die Regeln zu akzeptieren?

Vogelmädchen war so in Gedanken versunken gewesen, daß sie erst jetzt bemerkte, daß einer der Männer sie entdeckt hatte. Er kam auf sie zugelaufen.

Ihre Nackenhaare richteten sich vor Schreck auf. Etwas stimmte nicht. Aus dieser Entfernung war sie sich nicht ganz sicher, aber Vogelmädchen spürte, daß dies keine Mitglieder ihrer Sippe waren.

Statt wegzulaufen starrte sie wie in Trance der nahenden Gestalt entgegen und bemühte sich, auszumachen, was an ihr anders war. Vielleicht lag es an der Art und Weise, wie der Mann lief. Er bewegte sich nicht wie ein Freund, der zur Begrüßung heraneilte, sondern wie ein Raubtier, das seine Beute in die Enge treibt. Aber erst als Vogelmädchen die fremde Kleidung des Mannes sah – er trug nicht das dunkle Elchhauthemd der Gwich'in, sondern eine Jacke aus weißer Haut –, wurde ihr klar, daß sie es möglicherweise mit einem Feind ihres Stammes von der anderen Seite der Berge zu tun hatte.

Ihr Herz schlug schneller, als sie sich an die vielen Geschichten erinnerte, die sie über die Kämpfe der Ch'eekwaii und der Gwich'in wegen ihrer Jagdgründe gehört hatte. Man hatte ihr erzählt, daß die Ch'eekwaii schon viele unschuldige Menschen getötet hatten. Als kleines Mädchen hatte sie sich schrecklich vor einem älteren Mann ihrer Sippe gefürchtet, der viele Narben trug. Die

Ch'eekwaii hatten ihn gefangen und sein Gesicht verstümmelt, um den Gwich'in deutlich zu machen, was mit denjenigen passierte, die sich in ihr Gebiet wagten.

Je älter sie geworden war, desto weniger Aufmerksamkeit hatte Vogelmädchen solchen Geschichten geschenkt. Nun aber, da sie wie gelähmt dasaß, erinnerte sie sich wieder an all diese Legenden. Als sie deutlich erkennen konnte, daß der Mann ein Fremder war, flüchtete sie in Panik.

In all den Jahren, in denen sie gelernt hatte, zu laufen und über gefallene Bäume zu springen, hatten ihr die Beine niemals den Dienst versagt. Jetzt aber taten sie es. Der Boden wurde zu ihrem schlimmsten Feind, sie stolperte und fiel viele Male hin. Die Angst lähmte ihren Körper und ihre Sinne.

Ohne sich umzudrehen, wußte Vogelmädchen mit schrecklicher Gewißheit, daß der Mann immer näher kam. Sie schnappte nach Luft und lief mit all ihrer Kraft, aber zu ihrem Entsetzen hörte sie bereits die Fußtritte des Mannes, die hart auf den Boden trafen, während er zu ihr aufschloß. Sie konnte dem Drang, sich umzuschauen, nicht länger widerstehen. Aber im selben Moment stolperte sie schon wieder, und der Mann kam mit schnellen Schritten auf sie zu.

Vogelmädchen erstarrte bei seinem Anblick. Er war groß, und je näher er kam, desto größer erschien er ihr. Sein finsteres Gesicht war mit einem schmalen Knochen, der seine Unterlippe durchstach, geschmückt. Vogelmädchen war sich sicher, daß sie es nicht mit einem menschlichen Wesen zu tun hatte.

Sie sprang auf und drehte sich um, um erneut zu flüchten, aber der Ch'eekwaii hechtete vorwärts, packte sie und stürzte mit einer Macht auf sie, daß ihr die Luft zum Atmen wegblieb. Vogelmädchen drohten die Sinne zu schwinden, und sie schnappte verzweifelt nach Luft. Sie warf sich hin und her, aber der Mann hielt sie brutal mit einer Hand fest. Ein grausamer Blick erschien auf seinem Gesicht, während er sie anstarrte.

Die Ch'eekwaii vergaßen selten etwas, und der große Jäger hatte noch immer den Tag vor Augen, als er – kaum mehr als ein Junge – diesen Leuten zum ersten Mal begegnet war. Er hatte mit seinem Vater in den Gebirgsausläufern der Tundra nach Karibus gejagt, als sie die Eindringlinge bemerkten. Aus Angst, daß sie ihn töten könnten, hatte der Vater seinen Sohn hinter Sträuchern versteckt und ihm befohlen, sich nicht zu rühren. Von seinem Versteck aus hatte der Junge zugesehen, wie die Jäger der Gwich'in seinen Vater zu Tode knüppelten.

Diesen Tag hatte er niemals vergessen. Als Kind hatte man ihn am Beispiel vieler grausamer Geschichten gelehrt, diese Stammesfeinde zu hassen. Der Mord an seinem Vater hatte diesen Haß wirklich werden lassen.

Nun hatte er eine Gwich'in gefangen. Das Mädchen kämpfte immer noch gegen ihn an, obwohl sie wußte, daß sie besiegt war, und er verspürte Verachtung für ihre Kühnheit. Wie konnte sie es wagen, anzunehmen, sie könnte ihn besiegen! Er verdrehte ihr mit Leichtigkeit den Arm, bis sie zusammenzuckte.

Vogelmädchen sah das boshafte Lächeln des Mannes. Sie beugte sich hinüber und biß ihm in die Hand, bis sie das Blut ihres Feindes schmeckte. Der Mann heulte auf vor Schmerz, aber Vogelmädchen blieb nicht viel Zeit, ihren kleinen Sieg zu genießen, den er schlug sie hart mit seiner Faust, und es wurde dunkel um sie herum.

KAPITEL 8

Auf der Flucht

Den ganzen Tag über hatte Daagoo seine Sippe den Pfad entlanggeführt, der sich vom Lager entfernte. Wenn sich einige seiner Leute beschwerten, daß sie keine Rast machten, erinnerte er sie daran, daß die Ch'eekwaii sie möglicherweise verfolgten. Während sie dann weiter hinter ihm herstolperten, fragten die Frauen Daagoo über die verschwundenen Männer aus. Er weigerte sich zu antworten, denn er wollte jetzt über das, was geschehen war, weder sprechen noch nachdenken. Er würde es ihnen später sagen, wenn sie in Sicherheit waren.

Die Nacht kam, und die Sippe bewegte sich leise durch die Dunkelheit. Nur ein paar Kinder wimmerten vor sich hin. Schließlich entdeckte Daagoo ein abgeschiedenes Gebiet, von dem er wußte, daß es nahe am Yuukon lag. Sie hatten immer noch viele Meilen vor sich, aber sie mußten sich ausruhen.

»Wir werden heute hier Rast machen«, sagte er.

Alle außer Daagoo ließen sich erschöpft zu Boden sinken und schliefen ein. Daagoo versagte sich den Schlaf. Die Erinnerung an die toten Männer war noch zu frisch und ließ seine Gedanken nicht los. Er fragte sich, wo die Ch'eekwaii sein mochten und ob sie das Lager gefunden hatten. Ob sie vermuteten, daß die Sippe auf der Flucht war? Folgten sie ihnen vielleicht schon dicht auf den Fersen? Wenn die Ch'eekwaii seine Sippe einholten, würden sie kämpfen müssen, aber diese Gruppe aus Frauen, Kindern und alten Männern hätte gegen fünf starke Ch'eekwaii nicht die geringste Chance.

Als die anderen erwachten, erlaubte Daagoo ihnen, eine kleine Mahlzeit aus getrocknetem Elchfleisch mit Fett zu sich zu nehmen. Nachdem sie fertig waren, machte er ihnen klar, daß sie unverzüglich weiterziehen müßten. Sie protestierten und verlangten eine Erklärung, aber Daagoo erinnerte sie daran, wie leicht die Ch'eekwaii sie in den Kanus auf dem Fluß überholen konnten. Es gab kein langes Wortgefecht, denn die anderen schienen zu ahnen, daß Daagoo nicht mehr der sorglose Junge war, den sie kannten. Über Nacht war er zu einem verzweifelten, strengen Mann geworden.

An diesem Tag führte Daagoo seine Leute zum Yuukon, wo sie eine weitere Rast einlegten. Als die Abenddämmerung des zweiten Tages hereinbrach, kam Daagoo zu dem Schluß, daß sie weit genug gewandert waren und die Ch'eekwaii sie nicht

mehr finden würden. Er erlaubte seiner Sippe zu kampieren und setzte sich ebenfalls, um ein wenig zu ruhen. Aber sobald er sich niedergelassen hatte, fiel er auch schon in einen tiefen Schlaf.

Daagoo schlief die ganze Nacht und bis weit in den nächsten Tag hinein. Als er erwachte, stand die Herbstsonne hoch am Himmel. Daagoo genoß die klare Luft, die sich gerade erst zu erwärmen begann. Er hörte ein Geräusch. Als er die Augen öffnete, bemerkte er mit Staunen, daß sich viele seiner Stammesmitglieder in einen Kreis um ihn herum gesetzt hatten.

»Was ist los?« erkundigte er sich. Er war verlegen, weil ihn die Leute beim Schlafen beobachtet hatten.

Seine Mutter sprach als erste.

»Du wirst uns nun erzählen, was passiert ist«, forderte Shreenyaa mit leiser, aber fester Stimme.

Daagoo wußte, daß er die Wahrheit nun nicht länger verheimlichen konnte. Die Frauen, deren Männer und Söhne vermißt waren, saßen in seiner Nähe und ihre Augen baten ihn, ihnen ihre schlimmsten Ängste zu nehmen. Ihm wurde mit einem Mal klar, daß sie bereits wußten, was geschehen war, es aber aus seinem Mund hören mußten, bevor sie es glauben konnten.

Er atmete tief durch. »Alle Männer wurden von den Ch'eekwaii getötet.«

Die Frauen wurden von Trauer überwältigt. Einige erstickten ihr Schluchzen mit den Händen und eilten fort, um zu weinen, andere blieben sitzen und weinten offen vor sich hin. Daagoo sah zu seiner Mutter hinüber, um einen beruhigenden Blick zu erhalten, aber er mußte feststellen, daß auch ihr die Tränen über die Wangen liefen.

Er spürte, wie seine eigenen Tränen auf den Boden fielen. Er hatte noch niemals solche Verzweiflung erlebt. Der Gedanke an die Ereignisse der vergangenen Tage überwältigte ihn, und er wußte nicht, wie er mit seinem Kummer umgehen sollte. Er schloß die Augen und wandte den anderen den Rücken zu.

Nach einigen Augenblicken schaute er zum blauen Himmel hinauf. Hinter ihm lag ein größerer Schmerz, als er jemals einen gekannt hatte. Er war nicht darauf vorbereitet, aber seine Sippe brauchte ihn. Er war der einzige Jäger, der überlebt hatte. Die anderen vier noch verbliebenen erwachsenen Männer der Sippe waren schon sehr alt. Es gab einige Jungen, aber sie besaßen weder die nötige Größe noch die Kraft, schnell zu laufen oder ein großes Tier zu erlegen und es über weite Entfernungen zu schleppen.

Die Verantwortung des Sippenführers lag auf Daagoos Schultern, und er spürte dieses Gewicht bereits. »Wie soll ich ihr Anführer sein, wenn ich kaum meinen eigenen Schmerz bändigen kann?« fragte er sich.

Eine Hand berührte seine Schulter. Er drehte sich um und sah in die Augen seiner Mutter.

»Fürchte dich nicht, mein Sohn«, sagte Shreenyaa.

Daagoo blickte sich voller Scham um, ob einer
der anderen zugesehen oder etwas gehört hatte. Er
war zu stolz, um einzugestehen, daß er sich hilflos
fühlte.

»Das tue ich nicht, Mutter«, sagte er mit ange-
spannter Stimme, aber sie lächelte wissend und
tätschelte seine Schulter.

Daagoo atmete tief durch und wandte sich wieder den anderen zu. Er und die vier alten Männer
sammelten alle Vorratsbeutel, die seine Leute aus
dem alten Lager mitgenommen hatten, zu einem
Haufen. Dann blickten die alten Männer Daagoo
abwartend an. Es wurde ihm bewußt, daß sie sich
von nun an immer zuerst an ihn wenden würden, damit er den ersten Schritt tat. Das hatte wohl
zu bedeuten, daß er von nun an der Anführer war.

Er kniete sich hin und öffnete die Beutel einen
nach dem anderen. Sie enthielten sechs Beile, zehn
Messer, einige Bündel getrocknetes Elchfleisch und
getrockneten Lachs, einige Sehnenstränge, sechs
große Stücke ungegerbte Elchhaut, vier Felldek-
ken, Nadeln, Nähpfriem, ein Paar Mokassins und
einen Feuerstein.

Daagoo schüttelte ungläubig den Kopf. Um diese Jahreszeit hatte seine Sippe für gewöhnlich bereits einen großen Vorrat an getrocknetem Fisch
und geräuchertem Karibu- und Elchfleisch angelegt, um durch den langen, harten, tödlichen Win-

ter zu kommen. Und nun, kurz bevor der erste Schnee fallen würde, waren sie praktisch ohne Vorräte. Es war zu riskant, ins Lager zurückzukehren, um weitere Habseligkeiten zu holen. Außerdem waren die Ch'eekwaii vermutlich bereits dort gewesen, hatten mitgenommen, was sie tragen konnten und den Rest verbrannt.

Einer der alten Männer spürte Daagoos Unsicherheit.

»Hab keine Angst«, sagte er mit leiser Stimme. »Wir werden dir helfen. Du bist nicht allein.«

Daagoo antwortete nicht. Wenn er gefordert war, mit Menschen umzugehen, kam er sich verloren vor, denn er war immer eher ein Einzelgänger gewesen. Er verstand mehr vom Land und von den Tieren als von den Menschen. Und nun blickten ihn die Frauen und ihre Familien erwartungsvoll an. Daagoo spürte eine Ablehnung in sich aufsteigen. Er wollte nicht, daß alle plötzlich von ihm abhängig waren.

»Ich habe keine Zeit, um über meinen eigenen Verlust zu trauern«, sagte er sich jedoch. »Ich muß diese Aufgabe, die sich mir stellt, meistern und meine eigenen Gefühle zurückstellen, für später.«

Als erstes erklärte er den Jungen, daß sie Jäger werden mußten und möglicherweise auch Krieger, wie ihre Väter und Brüder, die gestorben waren. Die Jungen blickten ihn ernst und furchtsam an, aber es lag auch eine Entschlossenheit in ihren Blicken, die ihm sagte, daß sie ihr Bestes geben würden.

»Es wird nicht mehr lange dauern, bis der Winter kommt«, teilte Daagoo ihnen mit. »Wir werden hart arbeiten müssen, um die Dinge, die wir zurückgelassen haben, zu ersetzen. Es wird wenig Zeit bleiben, um euch die Eigenarten der Tiere zu lehren, aber ich hoffe, daß ihr euren Vätern gut zugehört habt und das, was sie euch beigebracht haben, nutzen werdet.«

Während Daagoo sprach, sah er das Gesicht seines Vaters vor sich. Wie oft hatte sein Vater mit scharfer Stimme zu ihm gesprochen, versucht, ihn aus seinen Tagträumen zu reißen? So manches Mal, wenn Ch'izhin Choo ihm etwas beibringen wollte, hatte Daagoo nur mit dem Kopf genickt und so getan, als ob er zuhörte. Nun fragte sich Daagoo, wie sehr er und die anderen darunter zu leiden haben würden.

In den nächsten Tagen hatten sie im neuen Lager viel zu tun. Die älteren Frauen rissen trockene Rinde von den Birken, nähten sie mit Sehnen zusammen und fertigten daraus Schüsseln zum Kochen und für die Nahrungsvorräte an. Jüngere Frauen suchten die Gegend nach Beeren, eßbaren Pflanzen und Hagebutten ab. Selbst die jüngsten Kinder mußten mithelfen, sammelten herumliegende Äste und Baumpilz, der nur langsam brannte und ihre Feuer im Winter lange am Leben halten würde.

Die vier alten Männer schlugen unterdessen junge Fichten und spalteten das Holz in dünne

Streifen, die sie zu Rahmen für Schneeschuhe bogen. Sie ließen ungegerbte Elchhaut in Wasser weichen, schnitten sie dann in Streifen und webten sie in die Schneeschuhe ein. Die alten Männer verwendeten das Fichtenholz auch dazu, lange Speere, Bögen und Pfeile anzufertigen.

Als die Waffen fertiggestellt waren, benutzte Daagoo sie, um die Jungen zu unterweisen. Die meisten lernten rasch, denn sie hatten ihre Väter und älteren Brüder oft beobachtet, und viele hatten schon einmal geübt. Aber es fehlte ihnen die Stärke, schwere Pfeile mit großer Durchschlagskraft abzuschießen. Daagoo wußte, daß er derjenige war, der das Erlegen der großen Tiere übernehmen mußte.

Als Daagoo glaubte, daß sie bereit seien, beschloß er, die Jungen auf eine Elchjagd mitzunehmen. Die Frauen hatten mit Hilfe von Fallen Kaninchen und Eichhörnchen gefangen und sie verpflegten die kleine Gruppe von Jägern gut, damit sie sich für ihre Jagd stärken konnten.

Nachdem sich die Jäger auf den Weg gemacht hatten, erkannte Daagoo bald die Berge, die vor ihnen lagen. Es waren die, die zu erforschen immer sein großer Wunsch gewesen war. Er führte die Gruppe auf diese Berge zu, aber außer einigen Eichhörnchen und einer Reihe von Vögeln entdeckten sie keine Tiere.

Sie wanderten den ganzen Tag, ohne Wild zu entdecken. Als Daagoo sich umdrehte, stellte er fest, daß er den Jungen weit voraus war. Er herrschte sie ungeduldig an, sich zu beeilen. Man hatte ihnen beigebracht, sich nicht zu beklagen, und so folgten sie seinen Anweisungen so gut sie konnten. Spät in der Nacht ließ Daagoo endlich haltmachen. Die Jungen legten sich dankbar auf den Boden und sanken in einen tiefen Schlaf.

Daagoo hielt Wache während die jungen Jäger schliefen. Er blickte zu den glitzernden Sternen hinauf. Die unglaubliche Weite des Nachthimmels ließ ihn sich unbedeutend vorkommen. Daagoo versuchte, sich von diesem Gefühl zu befreien und wandte seine Gedanken seiner Mutter zu. Er machte sich Sorgen um sie und die anderen Frauen, die er zurückgelassen hatte. Was würde geschehen, wenn die Ch'eekwaii ihnen den Yuukon hinab gefolgt waren? Was, wenn er und die Jungen zurückkämen und alle Frauen und Kinder ermordet waren?

Für einen Moment hätte Daagoo die Jungen beinahe geweckt, um sie zurückzuführen, doch statt dessen zwang er sich zur Ruhe. Was für verrückte Sorgen er sich machte! Jetzt, da der Winter nahte, würden die Ch'eekwaii sich nicht mehr in dieser Gegend aufhalten.

Seine Gedanken wanderten zu jener Nacht zurück, als er seinen Vater verloren hatte. »Ich darf nicht weinen«, mahnte er sich. »Nicht heute. Vielleicht später.« Aber Daagoo erinnerte sich an jedes Detail dieses Tages, als er und sein Vater Seite an

Seite gekniet und das Karibufleisch geschnitten hatten, und auch an die Nacht, als er am Fluß gesessen und sich gefragt hatte, wie er seinem Vater beibringen sollte, daß er ihn und seine Mutter verlassen würde. Er sah die Schatten, die in jener Nacht umhergeschlichen waren, beinahe leibhaftig vor sich, und den kurzen, todbringenden Schrei würde er niemals vergessen.

Ohne diesen Schrei wäre auch Daagoo in den Tod gelaufen. »Ich verdanke diesem Mann mein Leben«, dachte er. Und da er nicht wußte, welcher Mann geschrien hatte, stand Daagoo in der Schuld eines jeden. Zum Ausgleich dafür lag es nun in seiner Verantwortung, für ihre Familien zu sorgen. Bevor er in dieser Nacht einschlief, schwor Daagoo sich, seine eigenen Wünsche beiseite zu schieben und sein Bestes zu geben, um der Sippe das Überleben zu ermöglichen – so, wie es sein Vater ihn gelehrt hatte.

Trotz seines Schwurs schlief Daagoo bis in den späten Morgen. Die Jungen zögerten, bevor sie sich getrauten, ihn zu wecken. Daagoo blickte zur Sonne hinauf und sah, daß sie bereits hoch am Himmel stand.

»Warum habt ihr mich nicht früher geweckt?« erkundigte er sich wütend. Ohne ihnen Zeit für eine Antwort zu lassen, bereitete er die Jungen auf die Jagd vor. »Ihr wißt doch, Tiere laufen herum, wenn sie hungrig sind. Am frühen Morgen machen sie sich auf die Suche nach Futter und

Wasser. Möglicherweise haben wir unsere Chance vertan, aber wir werden es trotzdem versuchen.« Die Jungen nickten und folgten ihm schweigend.

Es war ein ungewöhnlich warmer Tag und die Jäger rasteten unterwegs viele Male, um aus den Flüssen, denen sie folgten, zu trinken. Am späten Nachmittag, als sie wieder an einer Flußbeuge angelangt waren, entdeckten sie einen großen Elch.

Daagoo bedeutete den Jungen, still zu sein, und schlich sich dann lautlos am Ufer des kleinen Wasserlaufes entlang, verborgen von den herabhängenden Weiden. Als er glaubte, nahe genug zu sein, legte er einen Pfeil in seinen Bogen, spannte ihn und ließ die Sehne los.

Ein surrendes Geräusch erfüllte die Luft, während der Pfeil auf sein Ziel zusteuerte und das Tier in die Seite traf. Der Elch war überrascht. Sein Körper sackte ein wenig zusammen, aber als er sah, daß Daagoo auf ihn zukam und einen weiteren Pfeil in den Bogen einlegte, drehte er sich um und flüchtete.

Mit weit ausholenden Sätzen gewann er rasch an Tempo. Daagoo wollte verhindern, daß ihm das verwundete Tier entkam, und so stürzte er hinter dem Elch her, schoß und traf ihn am rechten Hinterlauf. Das Tier schwankte erneut, aber sein Trieb, zu fliehen, war stärker, und so gelang es ihm, sein Gleichgewicht wiederzufinden und mit unsicheren Schritten weiterzulaufen. Daagoo schoß einige Pfeile ab, die ihr Ziel nicht erreichten, aber er kam immer näher an den Elch heran und sein letzter Pfeil durchdrang das Fell des Tieres.

Der Elch fiel zu Boden. Bevor er sich wieder hochstemmen konnte, hockte Daagoo schon auf ihm. Sein scharfes Messer schnitt am Hals tief ins Fleisch und durchtrennte die dicken Venen, die dort verliefen. Das Tier zuckte heftig, während das Leben aus ihm wich, und Daagoo wurde zu Boden geworfen. Er sprang sofort wieder auf, bereit, sich zu verteidigen, sollte sich der Elch noch einmal erheben, aber er blieb regungslos liegen.

Die Jungen liefen zu Daagoo. Sie waren beeindruckt von dem, was ihr Anführer getan hatte. Daagoo selbst war von der Aufregung überwältigt, aber es gelang ihm, seine Gefühle unter Kontrolle zu bekommen und die Jungen zu unterweisen, wie der Elch zu schlachten war.

Zuerst nahmen sie die Innereien heraus und trennten den Kopf vom Körper. Dann häutete Daagoo das Tier. Als nächstes befahl er den Jungen, die Vorderläufe und die Hinterläufe abzutrennen. Obwohl die jungen Jäger mit dieser Art von Arbeit nicht vertraut waren, gehorchten sie entschlossen, entfernten die Beine und schnitten dann den vorderen und hinteren Teil des Rumpfes auf.

Daagoo überlegte, wie sie all das Elchfleisch ins Lager zurücktransportieren sollten. Er beschloß, das

Fleisch zu trocknen, wodurch es leichter zu tragen sein würde. Die kleinen Jäger errichteten eine hüttenähnliche Holzkonstruktion, die sie mit Weidenzweigen bedeckten. Darin hängten sie den gevierteilten Rumpf auf, entzündeten ein Feuer darunter und trockneten das Fleisch im Rauch.

Nach einigen Tagen, als das Blut im Fleisch getrocknet war, befahl Daagoo zwei Jungen, ins Lager zurückzukehren und fünf kräftige Frauen zu holen. Aus Angst, daß die Jungen sich verlaufen könnten, zeichnete er eine Karte auf die Erde und zeigte ihnen, auf welche Orientierungspunkte sie achten mußten und welchen Flußläufen sie folgen sollten.

»Dies gehört alles zu eurem Unterricht«, ermahnte er sie, und die Kinder nickten ernst.

Die Frauen trafen am nächsten Abend ein. Jede hatte ein Seil bei sich und ungegerbte, in breite Streifen geschnittene Elchhaut, womit sie sich das Fleisch auf den Rücken binden würden. Daagoo gab den Jungen kleine, aber dennoch schwere Fleischstücke, die sie ebenfalls auf dem Rücken tragen sollten, und reichte den Frauen die größeren Stücke. Den Rest des Fleisches hängte er in Verstecke hoch oben in den Bäumen, wo Wölfe und andere Raubtiere es nicht erreichen konnten. Elstern und Raben würden zwar an dem Fleisch picken, aber nicht viel Schaden anrichten.

Der Rückweg war lang und schwierig, aber weder die Frauen noch die Jungen beklagten sich. Sie wußten, daß das Fleisch, das sie trugen, ihnen das Überleben garantierte. Als sie im Lager ankamen, war es bereits spät in der Nacht, aber einige von den Zurückgebliebenen hatten sich noch nicht zum Schlafen gelegt, für den Fall, daß die Jäger zurückkehren würden. Nachdem die Frauen und Jungen ihre Last abgelegt hatten, reichte man ihnen ein Mahl aus Weißfisch und Suppe.

Daagoo und die Jungen legten sich anschließend sofort hin, um zu schlafen, denn sie wollten am nächsten Tag noch einmal losziehen, um weiteres Fleisch heranzuschleppen. Sie mußten die Strecke noch mehrmals bewältigen, bis sie alles im Lager hatten, aber je mehr Stücke eintrafen, desto fröhlicher wurde die Stimmung dort. Doch Daagoo machte sich weiterhin Sorgen. Er wußte, daß die Chancen, den Winter zu überstehen, nicht groß waren.

Er dachte an die Karibujagd zurück, als die Ch'eekwaii sie angegriffen hatten. Wenn die Männer auf Jagd gingen, blieben für gewöhnlich einige starke zurück, um die Frauen und Kinder zu beschützen, aber dieses eine Mal waren alle mit auf die Jagd gegangen, um so viel Fleisch wie möglich zu beschaffen. Niemand hatte damit gerechnet, daß die Ch'eekwaii in ihr Gebiet eindringen könnten.

Daagoo versuchte zu verstehen, warum dies alles geschehen war. Warum hatten die Ch'eekwaii seinen Vater und die anderen Männer getötet? Was hatten sie gewollt? Er wußte, daß die beiden

Stämme sich haßten, aber er hatte niemals zuvor die zerstörerische Kraft eines solchen Hasses erfahren. Was auch immer der Grund für den Überfall gewesen sein mochte, Daagoo wußte, daß er die Sicherheit seiner Sippe niemals wieder als selbstverständlich betrachten würde.

Kurze Zeit später gelang es ihm und seinen jungen Jägern, einen weiteren Elch zu erlegen. Wegen der gerade vergangenen Brunftzeit trug dieser Bulle weniger Fleisch, aber sie mußten sich mit dem zufriedengeben, was sie erlegen konnten, denn der Winter näherte sich rasch.

Die kleine Sippe errichtete ihr Winterlager in der Nähe des mächtigen Yuukon. An seinem Ufer bauten sie kleine Hütten aus Baumholz und Moos, und während sie nach Holz und Nahrung suchten, gestattete sich niemand auch nur einen einzigen ruhigen Augenblick. Daagoo verbrachte die Tage damit, großes Wild aufzuspüren, aber er und seine Jäger fanden nur die kleinen Tiere, die in die Fallen der Frauen geraten waren: Schneehühner, Kaninchen, Eichhörnchen, Enten, Bisamratten und Biber. Die Frauen setzten auch Netze in einem Fluß ganz in der Nähe, wo sie viele Weißfische fingen, die anschließend getrocknet wurden.

Außer Nahrungsmitteln benötigte die Sippe dringend mehr warme Kleidung. Aus jedem Stück Fell oder Tierhaut, das die Frauen fanden, wurden Kleidungsstücke oder Decken genäht. Die Häute der beiden Elche wurden gegerbt und zu Handschuhen und Sohlen für Fellstiefel verarbeitet. Während die Frauen gerbten und nähten, fertigten Daagoo und die alten Männer weitere Handwerkszeuge wie Messer und Beile aus Fichtenholz und Elchknochen an.

Der Frost kam, und bald danach setzte der erste Schnee ein. Daagoo und seine Sippe waren in ihren Behausungen in Sicherheit. Die folgenden Monate waren nicht so hart, wie Daagoo befürchtet hatte. Die Sippe ernährte sich von ihren Vorräten, fing Kaninchen im Schnee und erbeutete Fische an den Löchern, die die Männer in die Eisdecke des Flusses geschlagen hatten.

Daagoo bemühte sich, immer beschäftigt zu sein und nicht an seinen verlorenen Traum vom Land der Sonne zu denken. So wurde er, je weiter der Winter voranschritt, immer zuversichtlicher für die Zukunft seiner Sippe. Bald schon würden die Jungen zu Männern herangewachsen sein und die Mädchen zu Frauen. Mit der Zeit folgten dann Geburten und die Sippe würde sich wieder vergrößern. Allerdings trug all das nicht zu Daagoos persönlicher Aufmunterung bei, denn ihm wurde immer deutlicher, daß er mehr als jemals zuvor in diesem Leben gefangen war.

KAPITEL 9

Gefangen

Als Vogelmädchen wieder zu sich kam, schien alles auf dem Kopf zu stehen. Vom Schmerz wie vernebelt, erkannte sie, daß sie über der Schulter des Mannes hing, der sie gefangengenommen hatte und sie nun wie ein großes, in seine eigene Haut eingewickeltes Stück Karibufleisch wegschleppte. Ihre Hände und Füße waren gefesselt, und über ihren Mund war ein Stück Haut gebunden. Für einen Moment glaubte sie zu wissen, was ein Tier fühlen mußte, bevor es starb.

Die Jäger der Ch'eekwaii marschierten an diesem Tag eine weite Strecke. Wenn sie haltmachten, ließ der Mann Vogelmädchen einfach fallen. Obwohl ihr Körper hart auf den Boden aufschlug, ließ sie es nicht zu, daß sich der Schmerz auf ihrem Gesicht widerspiegelte. Statt dessen hielt sie ihre Augen geschlossen, damit die Männer nicht bemerkten, daß sie wach war.

Die Jäger rasteten immer nur kurze Zeit und schon bald spürte Vogelmädchen, daß sie wieder auf die Schulter des Mannes gehoben wurde. Die anderen Männer trugen Fleisch auf dem Rücken und zogen in Karibuhaut eingerollte Fleischstücke hinter sich her. Die Fellseite hatten sie nach außen gedreht, damit die Last leichter über den Boden glitt. Es waren schwere Lasten, aber diese Männer, die in einem kargen Land ohne Bäume aufgewachsen waren, wo das Leben dem Eis und dem Schnee abgerungen wurde, machten sich nichts aus der harten Arbeit.

Ein Tag verging, dann der nächste, und Vogelmädchen wurde immer weiter durch die Berge getragen. Der Jäger, der sie gefangen hatte und der von den anderen Ch'eekwaii Turak genannt wurde, gab ihr keine Gelegenheit zur Flucht. Wenn er Rast machen mußte und sie auf den Boden fallen ließ, behielt er sie immer im Auge, obwohl sie doch mit gegerbten Lederstreifen an Händen und Füßen gefesselt war. Vogelmädchen lernte schnell, Turak nicht in die Augen zu schauen. Einmal, als er sie dabei erwischte, wie sie ihn anstarrte, griff er nach einem Knochen, den er gerade abgenagt hatte, und warf ihn ihr ins Gesicht.

Die Männer schliefen jede Nacht unruhig und nahmen am Morgen die Reise Richtung Norden, über die Bergpässe zu ihrem Heimatland, wieder auf. Während ihrer Wanderung blickten die anderen Ch'eekwaii gelegentlich zu der Frau hinüber, die ihr Anführer trug.

Turak hatte sie in das Gebiet der Gwich'in ge-

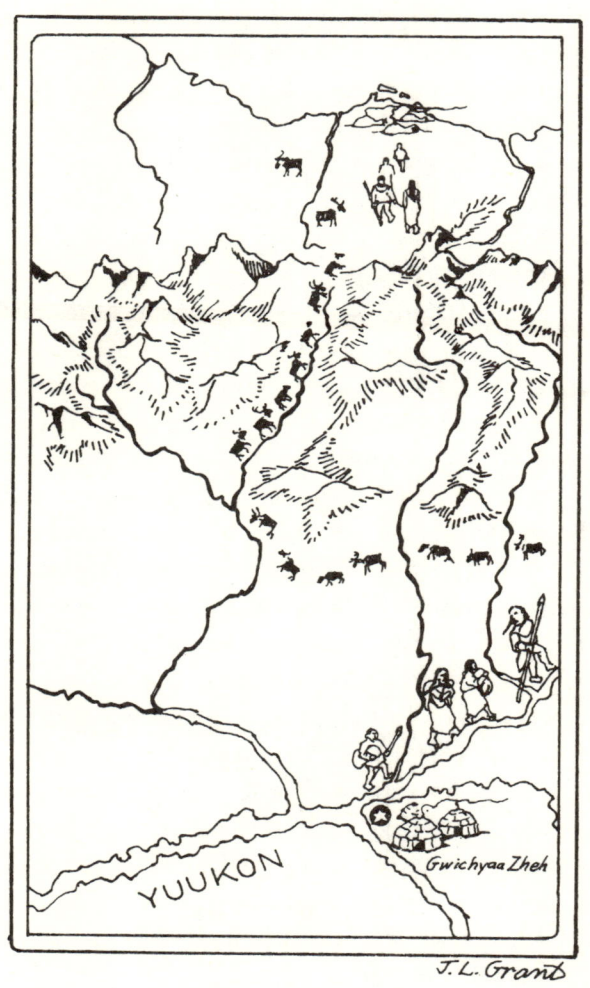

YUUKON

Gwichyaa Zheh

J. L. Grant

führt, und auch als er immer weiter ins Landesinnere vordrang, hatten sie keine Einwände erhoben. Sie achteten ihn als fähigen Jäger und fürchteten ihn als Krieger, denn sie wußten, wie brutal er sein konnte, wenn ihm jemand in die Quere kam. Sie hatten gehofft, ein Aufeinandertreffen mit ihren Feinden zu vermeiden, aber Turak schien sich nach einer solchen Konfrontation zu sehnen. Die anderen Ch'eekwaii wußten, welch tiefen Haß Turak für die Gwich'in empfand, denn sie kannten die Geschichte von dem Mord an seinem Vater. Nun aber hatten die Männer Mitleid mit dieser Gwich'in, obwohl sie ihre Feindin war. Als Turaks Besitz würde ihr keine Gnade zuteil werden.

Als sie das Gebiet der Gwich'in verlassen hatten, ließ Turak Vogelmädchen zu Boden fallen und durchschnitt ihre Fußfesseln. Dann zog er sie hoch und zwang sie, auf ihren gefühllosen und geschwächten Beinen zu laufen. Während sie durch die Berge stolperte, verlor Vogelmädchen mehr und mehr den Mut. Ihre Familie würde niemals erahnen, daß sie entführt worden war. Wie konnte sie da auf Rettung hoffen?

Die Tage vergingen und Turak gab ihr immer noch nichts zu essen. Gelegentlich riskierte es einer der Jäger, die Wut seines Anführers auf sich zu ziehen, indem er ihr in seiner Abwesenheit einen Schluck Wasser gab. Als ihr Bauch vor Hunger knurrte und ihr Mund trocken wurde und brannte, begann Vogelmädchen vor Schwäche zu taumeln und stolperte oft. Turak wurde jedes Mal wütend und ungeduldig und schlug ihr auf den Kopf, bis sie nicht mehr klar denken konnte.

Endlich erreichte die kleine Gruppe mit ihrem Karibufleisch und ihrer Gefangenen die andere Seite der Berge. Benommen von ihrem ausgemergeltem Zustand sah Vogelmädchen auf ein Land hinunter, das leer und braun war und sich flach von einem Horizont zum anderen erstreckte. Der Wind wehte ihr den Geruch von Tundra-Moos in die Nase.

Die Männer wurden lebendiger und gesprächiger, als sie das offene Gebiet erreichten, aber Vogelmädchen erzitterte innerlich vor diesem kargen Land. Sie hätte sich am liebsten zu Boden geworfen und sich geweigert, auch nur einen Schritt weiter zu gehen. Statt dessen taumelte sie blindlings voran. Sie hatte keine Kraft mehr, zu kämpfen.

Nachdem sie die Gebirgsausläufer und viele Meilen Tundra hinter sich gebracht hatten, näherten sie sich einem Lager, das sich vor dem niedrigen Horizont abzeichnete. Gewölbte, mit Gras bedeckte Behausungen erhoben sich über der Erde. Überall im Lager standen Schlitten und umgedrehte Fischerboote. Kläffende Hunde mit kräftigen Halsbändern waren an den Unterkünften angebunden. Zwischen den Hütten hingen Kleidungsstücke an Pfosten. Sie flatterten laut im Wind. Hinter dem Lager erstreckte sich eine endlose Was-

serfläche, deren salzige Feuchtigkeit die Luft erfüllte und Vogelmädchens Augen zum Brennen
brachte.

Als sie Menschen im Lager entdeckte, atmete sie
tief durch und nahm sich vor, tapfer zu sein. Die
Ch'eekwaii begrüßten ihre Jäger freudig, aber als
sie die Gefangene entdeckten, entstand langes

Schweigen. Sie hatten viele Geschichten über ihre Feinde im Süden gehört, aber die meisten von ihnen hatten noch nie einen von ihnen in Fleisch und Blut gesehen. Dieses Mädchen sah nicht so aus wie der schreckliche Feind, den zu fürchten sie gelernt hatten.

Die Jäger verschwanden in ihre Unterkünfte und ließen Vogelmädchen inmitten der schnell größer werdenden Menge allein. Sie getraute sich nicht, die Ch'eekwaii offen anzublicken, aber aus den Augenwinkeln heraus entdeckte sie seltsam aussehende Gesichter, von denen manche mit Linien und Kreisen tätowiert und andere mit Knochen geschmückt waren. Sie trugen Hosen und darüber Tuniken aus heller Tierhaut. Manche hatten Messer. Vogelmädchen hatte schreckliche Angst, weil sie nicht wußte, was sie mit ihr anstellen würden.

Sie starrten sie unablässig an und rückten langsam immer näher. Einige zeigten mit dem Finger auf sie. Ein Mann roch schnüffelnd an ihr und erntete großes Gelächter, als er angewidert das Gesicht verzog. Vogelmädchen spürte, wie ihre Wangen vor Erniedrigung brannten.

Als sie schließlich zu dem Schluß gekommen waren, daß sie harmlos war, verloren die Ch'eekwaii das Interesse an ihr und kehrten einer nach dem anderen in ihre Unterkünfte zurück. Vogelmädchen stand lange Zeit da, ohne zu wissen, was man von ihr erwartete. Niemand schien es zu kümmern, was sie tat. Sie fragte sich, ob sie flüchten sollte. Vor ihr lag das Wasser und hinter ihr die Berge. Sie mußte nur auf die weit entfernten Berge zulaufen. Auf der anderen Seite lag ihr Heimatland, lebte ihre Sippe.

Doch als Vogelmädchen so dastand, eine einsame Gwich'in, der der Wind durchs Haar fuhr, da verlor sie den Mut. Zwischen ihr und den Bergen lagen viele Meilen flaches Land, ohne Bäume, hinter denen sie sich hätte verstecken können. Wenn sie davonlief, würden die Ch'eekwaii sie schnell wieder einfangen. Sie stellte sich vor, wie sie sie jagten und umbrachten, und die Angst ließ sie erstarren.

Selbst als das Licht langsam verschwand, bewegte sie sich nicht. Der Wind von der See wurde zu einem heulenden Sturm, der sie in ihrer feuchten Kleidung zittern ließ. Während sie immer noch verloren und verwirrt dastand, kam eine kleine, ein wenig gebeugte Frau aus ihrer Hütte. Vogelmädchen machte sich auf alles Mögliche gefaßt, aber die Frau ging im Dämmerlicht an ihr vorbei. Wahrscheinlich wollte sie ihre Blase erleichtern, dachte Vogelmädchen.

Nach kurzer Zeit kehrte die Frau zurück und blieb überrascht vor ihr stehen, denn sie war bei der Ankunft der Jäger und ihrer Gefangenen nicht dabei gewesen. Sie blickte sich um, ob jemand in der Nähe war und trat langsam auf die Gwich'in zu.

Die Frau betrachtete Vogelmädchen von Kopf bis Fuß und murmelte ungläubig vor sich hin. Sie schien schon sehr alt zu sein, bewegte sich aber immer noch recht flink. Sie blickte zu Vogelmädchen auf, die einen Kopf größer war als sie, und stellte ihr in einer fremden Sprache eine Frage. Vogelmädchen streckte hilflos die Hände aus, denn sie verstand nicht ein einziges Wort.

Die Frau plapperte weiter und Vogelmädchen bemühte sich, die schnalzenden, monotonen Laute, die ihr wie eine einzige, ständige Wiederholung vorkamen, zu verstehen. Die Frau wurde aufgeregt und wütend und deutete auf die grasbedeckten Hütten. Schließlich warf sie verzweifelt die Hände in die Luft und bedeutete Vogelmädchen zu deren Überraschung, ihr in ihre Unterkunft zu folgen.

Vogelmädchen brauchte einen Moment, bevor sie begriff, und die Frau schrie ungeduldig etwas in ihrer Sprache. Vogelmädchen wollte vermeiden, ihre Wut auf sich zu lenken, und so beeilte sie sich, der Anweisung zu folgen.

Sie beugte ihren Kopf, um durch den Eingang der Hütte zu treten, in dem Häute, die von der Decke herabhingen, als innere und äußere Türen dienten. Im Inneren waren die Wände mit zusammengenähten Karibuhäuten bedeckt, an denen sich noch das Fell befand. Wahrscheinlich, weil es auf diese Weise wärmer war, dachte Vogelmädchen. Von außen hätte sie nie vermutet, wie geräumig diese Unterkunft war. Sie wurde von einer aus Seifenstein geschnitzten Lampe, in der ein entzündeter Docht in Walöl schwamm, hell erleuchtet und gewärmt. Durch kleine Löcher in der Decke entwich der Rauch.

Während Vogelmädchen sich noch umschaute, ging die Frau zu einem Karibufell hinüber, das an einer Seite der Hütte lag und ihr als Bettstelle diente, und legte sich hin, ohne sich weiter um ihre Besucherin zu kümmern. Der einzige Ort, wo Vogelmädchen schlafen konnte, war der harte Boden. Er sah nicht sehr verlockend aus, aber sie war müde und fürchtete, daß man ihr vermutlich keine andere Möglichkeit geben würde, sich auszuruhen. Sie streckte sich auf dem Boden aus, blickte zur Decke hinauf und lauschte auf das Schnarchen der alten Frau.

Die Öllampe warf ein sanftes, zittriges Glühen über die Unterkunft. Vogelmädchen versuchte zu schlafen, aber Gedanken an eine Flucht erfüllten ihren Kopf. Die Ch'eekwaii wußten, daß sie eine Fremde in diesem Land war, und gingen offenbar davon aus, daß sie aus Angst, sich zu verlaufen, nicht fliehen würde. Vogelmädchen wußte, daß sie die Zeit nutzen sollte, aber wiederum wurde sie von Furcht erfüllt. Ihr Körper war durch den Mangel an Nahrung und Wasser geschwächt, und sie brauchte dringend Schlaf. Wenn sie jetzt davonlief, würde sie sicherlich an Unterkühlung und Erschöpfung sterben. Selbst wenn es ihr gelingen sollte, die Tundra zu durchqueren, hatte sie keine Ahnung, wie sie den Paß finden konnte, der über die Berge führte. Im Moment blieb ihr nichts anderes übrig, als abzuwarten. Wenn sie wieder stark genug war und wußte, wohin sie laufen mußte, würde sie fliehen.

Vogelmädchen schlief unruhig, da ihr Bauch vor Hunger knurrte. Als sie am Morgen wach wurde, saß die alte Frau an der Lampe, wärmte sich die Finger und aß ein Stück getrocknetes Fleisch. Vogelmädchen lief bei diesem Anblick das Wasser im Mund zusammen, aber die Frau ignorierte sie. Vogelmädchen fragte sich, wie sie an etwas zu essen gelangen konnte. Sie war noch nicht lange eine Gefangene, aber sie hatte bereits gelernt, daß man ihr nichts freiwillig geben würde.

Doch zu ihrer Überraschung warf ihr die Frau ein Stück Fleisch zu. Vogelmädchen nahm es vorsichtig und begann, darauf zu kauen. Das Fleisch hatte einen herben Geschmack, da es viel Tieröl enthielt. Vogelmädchen kaute langsam und versuchte, nicht das Gesicht zu verziehen, denn sie wußte, daß ihr Körper dieses Öl im Moment am dringendsten brauchte. Die Frau sah sie nicht an, aber sie bedeutete ihr, aus einer Lederflasche zu trinken. Vogelmädchen gehorchte und genoß das kalte Wasser.

Die beiden Frauen, jung und alt, Gwich'in und Ch'eekwaii, aßen schweigend zusammen, bis plötzlich Turak mit viel Lärm in die Unterkunft stürmte. Er packte Vogelmädchen brutal am Handgelenk, schrie die alte Frau an und schüttelte eine Faust in ihre Richtung. Aber sie zuckte lediglich die Schultern und nahm seine Gegenwart nicht weiter zur Kenntnis.

Unzufrieden wandte Turak seine Aufmerksamkeit Vogelmädchen zu, schlug ihr hart gegen die Schläfe und schleifte sie dann aus der Hütte. Sie schrie vor Schmez. Er schlug sie erneut und zog sie so mühelos über den Boden in seine Unterkunft, als hätte sie überhaupt kein Gewicht.

Dort schimpfte der große Ch'eekwaii in seiner barsch klingenden Sprache und deutete wütend auf sie. Als seine Gefangene nicht verstand, was er von ihr wollte, wurde er noch zorniger und schlug sie erneut. Endlich begriff Vogelmädchen. Er wollte, daß sie seine Hütte säuberte. Sie hockte sich schnell hin und hob die Kleidungsstücke auf, die achtlos auf dem Boden verstreut herumlagen. Als er zufriedengestellt war, ließ Turak Vogelmädchen mit einem pochenden Kopfschmerz und einem Gefühl unendlicher Verlorenheit zurück.

Bald schon wurde ihr klar, daß sie mit Turak leben und als seine Sklavin dienen sollte. Während die Tage im Land ihrer Feinde vergingen, stellte Vogelmädchen fest, daß Turak im Lager von allen respektiert und gefürchtet wurde – außer vielleicht von der dickköpfigen, alten Frau. Auch die Ch'eekwaii verehrten, wie Vogelmädchens eigene Sippe, ihre starken Jäger, die die Nahrung herbeischafften und das Überleben sicherten. Und daher blickten sie in eine andere Richtung, wenn sie sahen, daß Turak seine Sklavin für die kleinsten Fehler schlug.

Nach einer Weile beanspruchte Turak Vogelmädchen auch als Frau und drang brutal in sie ein. Es schien ihm zu gefallen, daß er sie befleckt hatte, und er lächelte grausam, während sie darum kämpfte, ihr Schluchzen zurückzuhalten. Lange, nachdem er eingeschlafen war, lag sie noch wach und zerbrach sich den Kopf über den furchtbaren Fehler, den sie gemacht hatte. Sie war vor ihrer eigenen Sippe davongelaufen, um einer Heirat zu entgehen, und nun war sie in die Hände des Feindes gefallen und mußte ein weitaus schlimmeres Schicksal erleiden.

KAPITEL 10

»Wir müssen Vertrauen in die Zukunft haben«

Eines Tages, mitten im Winter, nachdem einige Kälteperioden gekommen und gegangen waren, viel Schnee gefallen war und die Sonne tief am Horizont stand, kamen einige der Kinder in Daagoos Lager gelaufen und riefen, daß sich eine Gruppe von Männern nähere.

Daagoo, der dabei war, seinen Speer zu schärfen, sprang auf. Kalte Furcht ergriff ihn. Die Mütter trieben ihre Kinder schnell in die Unterkünfte. Obwohl die jungen Jäger und die Frauen mit Waffen in den Händen vortraten, fühlte sich Daagoo hilflos, denn er wußte, daß sie für einen Kampf nicht stark genug waren.

Er betrachtete die Männer, die sich dem Flußufer folgend näherten, mit grimmigem Blick. Sie waren nur zu dritt und Daagoo kam zu dem Schluß, daß seine Leute sie doch überwältigen könnten. Er stand mit den Jungen vor dem Lager, die Frauen direkt hinter ihnen. Als die Fremden immer näher kamen, erkannte Daagoo an ihrer

Kleidung, daß es sich ebenfalls um Gwich'in handelte. Dennoch war er nicht erleichtert, denn in einem harten Winter konnte ein Verwandter ebenso den Tod bringen wie ein gefürchteter Feind.

»Wir wollen niemandem etwas zuleide tun. Wir sind Freunde«, rief einer der Fremden. »Wir suchen eine von unserer Sippe.«

Daagoo fragte sich, was er tun sollte. Seit dem Tod seines Vaters hatte er wenig Vertrauen in andere Menschen. Aber diese Männer schienen wirklich in friedlicher Absicht gekommen zu sein. Nach einer Weile entgegnete er: »Bleibt dort stehen. Ich werde zu euch kommen.« Er ging vorsichtig auf die Männer zu.

Einer von ihnen sagte schnell: »Wir sind auf der Suche nach unserer Schwester. Sie hat unser Lager vor vielen Wochen verlassen und wurde seither nicht mehr gesehen.«

Daagoo entspannte sich ein wenig, denn der Mann sprach seinen Dialekt. Er hatte es mit engen Verwandten zu tun.

»Hier ist niemand gewesen«, entgegnete er.

Es gab nicht mehr zu sagen, aber die Männer gingen trotzdem nicht. Aus Höflichkeit lud sie Daagoo schließlich ins Lager ein, damit sie sich am Feuer ausruhen konnten, bevor sie weiterzogen.

Als die Männer am Feuer Platz genommen hatten, fragte sich Daagoo, ob es ein Fehler gewesen war, sie ins Lager einzuladen. Er betrachtete sie mißtrauisch. »Wenn eure Schwester schon vor Wochen verschwunden ist, warum sucht ihr erst jetzt nach ihr?« erkundigte er sich.

Die Männer blickten sich an. Einer von ihnen seufzte tief. »Vogelmädchen ist sehr eigenwillig«, erklärte er. »Sie sollte sich vermählen und hat unser Lager verlassen, bevor unser Vater einen Mann für sie auswählen konnte. Wir dachten, daß sie Zeit braucht, um allein zu sein, und dann zurückkehren würde, aber nun sind bereits einige Wochen vergangen und unsere Eltern sorgen sich. Sie haben uns losgeschickt, um sie zu suchen.«

Ein anderer der Brüder hatte bemerkt, daß Daagoo bei der Erwähnung ihres Namens überrascht reagiert hatte. »Hast du sie gesehen?« fragte er Daagoo.

Daagoo zögerte. »Ich glaube, ich habe eure Schwester einmal unten am Fluß getroffen. Sie war auf der Jagd, aber es klang so, als beabsichtige sie, zu ihrer Sippe zurückzukehren.«

Die Brüder kamen zu dem Schluß, daß Daagoo ihre Schwester getroffen hatte, bevor sie weggelaufen war. Sie wußten, daß Daagoo ihnen nicht dabei helfen konnte, sie zu finden, aber die Neugier ließ sie noch ein wenig länger verharren. Es kam ihnen seltsam vor, daß Daagoo der einzige erwachsene Mann in einer Sippe von vielen Frauen und Kindern war. Er schien weder die Reife noch die Selbstsicherheit eines Häuptlings zu besitzen. Einer der Brüder erkundigte sich vorsichtig: »Wo sind eure Männer?«

Daagoo dachte einen Augenblick nach, bevor er antwortete. Er hatte keinen Grund, diesen Männern zu trauen. Und dennoch wollte er es, denn er war es leid, die Last der Tragödie, die seinen Leuten zugestoßen war, allein zu tragen. Ehe er sich versah, stürzten ihm die Worte über die Lippen. »Sie wurden oben, in der Nähe der Karibuweiden, von den Ch'eekwaii getötet.«

»Wann war das?« fragte einer der Männer.

Daagoo erzählte ihnen alles, was geschehen war. Nachdem er geendet hatte, beobachtete er nervös, wie die Brüder die Köpfe zusammensteckten und leise miteinander sprachen. Daagoo blickte sich besorgt zu seiner Mutter um, die ihn beruhigend anlächelte und mit den Schultern zuckte. Daagoo lächelte gequält zurück, da er ihre Zuversicht nicht teilen konnte.

Schließlich wandten die drei Männer ihre Aufmerksamkeit wieder Daagoo zu. »Meine Brüder und ich denken, daß ihr euch unserer Sippe anschließen solltet«, erklärte einer. Daagoo hörte, wie seine Leute aufgeregt zu flüstern begannen.

Der Mann hob eine Hand, um sie zum Schweigen zu bringen. »Ich habe noch mehr zu sagen. Es ist gut, daß ihr diese Katastrophe überlebt habt. Ihr seid tapfer gewesen, aber ihr wißt, daß man mehr als Tapferkeit braucht, um in diesem Land zu überleben. Man braucht eine große Zahl von Menschen, die zusammenarbeiten. Auf diese Weise haben die Gwich'in bisher überlebt.

Unsere Sippe hat einen guten Häuptling. Er ist ein gerechter Mann und ist uns nun schon sein halbes Leben lang ein guter Anführer. Er und die ganze Sippe wird euch willkommen heißen.«

Daagoo spürte, wie Gefühle ihm die Kehle zuschnürten. Seiner Sippe wurde eine neue Zukunft geboten! Aber er zwang sich, ruhig zu bleiben. Er konnte eine solche Entscheidung nicht allein treffen.

»Ich muß dies erst mit meinen Leuten besprechen«, erwiderte er den drei Brüdern. Sie stimmten zu und entfernten sich ein Stück vom Lager, um der Sippe die Möglichkeit zu geben, sich zu beraten.

»Was denkt ihr?« erkundigte sich Daagoo und blickte zunächst fragend seine Mutter an.

Für Shreenyaa war dieser Vorschlag auch überraschend gekommen, und sie wußte nicht, was sie antworten sollte.

Einer der alten Männer ergriff dann als erster das Wort.

»Ich bin stolz auf dich, Daagoo, denn du bist uns ein guter Anführer«, sagte er. »Ich bin sicher, daß wir diesen Winter überleben, auch wenn wir dieses Angebot nicht annehmen. Aber die Frauen sollten neue Ehemänner finden und die Kinder neue Väter erhalten. Sie brauchen Männer, die sie unterrichten. Wir sind so sehr damit beschäftigt, um unser Überleben zu kämpfen, daß die Jungen viel von ihrer Ausbildung versäumen.«

Daagoos Mutter nickte zustimmend. »Er hat recht«, sagte sie. »Wir brauchen mehr Menschen, um besser zu leben. So sollte es sein.«

Viele der anderen Erwachsenen stimmten ihr zu, aber einige waren auch unsicher. Daagoo war sich ebenso nicht sicher. Es geschah alles so schnell, und er hatte Angst, die falsche Entscheidung zu treffen.

»Ich weiß nicht, was ich tun soll«, erklärte er seiner Sippe. »Ich möchte nicht für euch alle eine Entscheidung treffen, die ich später bereuen könnte. Ihr müßt selbst entscheiden. Wir kennen diese Leute nicht. Wenn wir uns ihnen anschließen, werden wir ihnen vollkommen vertrauen müssen.«

Die Mitglieder der Sippe nickten und begannen, sich untereinander zu beraten. In der Zwischenzeit wandte Daagoo seine Aufmerksamkeit den Brüdern zu und dachte über ihre Schwester nach. Ob sie wohl noch am Leben war? Es war schwer, allein in der Wildnis zu überleben. Selbst ein Wolf hatte weniger Überlebenschancen, wenn er von seinem Rudel ausgestoßen wurde – wie also sollte ein junges Mädchen allein überleben?

Daagoos Gedanken wurden durch seine Mutter unterbrochen, die ihn rief. Sie sprach für sich und die anderen.

»Wir werden uns dieser Sippe anschließen«, verkündete Shreenyaa. »Wir müssen Vertrauen in die Zukunft haben. Wir könnten allein weiterleben, aber es wäre schwierig und gefährlich. Es ist besser, mehr Männer zu haben, falls wir uns einmal verteidigen müssen.«

Auf die Gesichter der drei Brüder zog ein Lächeln. »Ihr werdet eure Entscheidung nicht bereuen«, sagte einer. Daagoos Leute lächelten zurück.

Am nächsten Morgen kehrte der älteste von Vogelmädchens Brüdern zu seiner Sippe zurück, um ihnen von Daagoos Sippe zu erzählen. In der Zwischenzeit halfen die beiden jüngeren Brüder Daagoo und den anderen, sich auf die Reise vorzubereiten. Der ältere Bruder war schon zwei Tage später wieder da und brachte die Nachricht, daß der Häuptling und die anderen Stammesmitglieder der Ankunft ihrer neuen Familie erwartungsvoll entgegensahen.

Während Daagoo seine Habseligkeiten zusammenpackte, verspürte er eine große Erleichterung, so als sei eine schwere Last von seinen Schultern genommen worden.

Die kleine Gruppe marschierte mehrere Tage durch den Schnee, bis sie ihr neues Lager erreicht hatte. Dort empfing sie eine große Zahl freundlicher Gwich'in, die sie willkommen hießen und ihnen beim Bau ihrer Hütten halfen. Schon bald spielten die Kinder mit den anderen Kindern und die Frauen unterhielten sich mit ihren neuen Nachbarinnen. Während Daagoo seine Leute beobachtete, verspürte er eine ganz neue Zärtlichkeit für sie. Er hatte sie schon sehr lange nicht mehr so glücklich gesehen.

Eines Tages, viele Wochen später, folgte Daagoo auf der Suche nach kleinem Wild einer Fährte und traf dabei auf die drei Brüder. Er wußte, daß sie das Lager manchmal tagelang verließen, um nach Vogelmädchen zu suchen. Er bot ihnen seine Hilfe an, aber sie lehnten ab.

»Sie ist unsere Schwester«, erwiderte der eine. »Es ist unsere Verantwortung, sie zu finden.«

Daagoo war enttäuscht. Er hätte sich zu gerne an der Suche nach dem Mädchen beteiligt, denn damit hätte er einen Vorwand gehabt, seine Umgebung erforschen zu können. Aber aus Respekt vor den Brüdern begann er keinen Streit mit ihnen.

Monate später, als der Schnee geschmolzen war, vernahm Daagoo, daß einer von Vogelmädchens Brüdern Habseligkeiten in einer Höhle nahe dem Gebiet der Ch'eekwaii gefunden hatte. Wenn sie von einem Tier getötet worden wäre, hätte ihre Kleidung oder irgendwelche Überreste noch dort liegen müssen. Aber er hatte nichts entdeckt. Vogelmädchens Mutter weinte vor Verzweiflung, während ihr Vater mit einem grimmigen Gesichtsausdruck dastand und sich selbst die Schuld gab. Die drei Brüder und ihre Frauen ließen vor Kummer die Köpfe hängen. Niemand bezweifelte, daß Vogelmädchen von den Ch'eekwaii entführt oder ermordet worden war.

Daagoo hätte sie gerne getröstet, aber statt dessen hielt er höflich Abstand. Wie der Rest der Sippe konnte er nichts weiter tun als hilflos danebenzustehen und zuzusehen, wie diese stolze Familie trauerte.

Nachdem sie aufgehört hatten zu weinen, schworen sich die Brüder, daß sie ihre Suche nicht aufgeben würden. Sie waren entschlossen, einen Weg über die Berge zu suchen, um den schuldigen Ch'eekwaii zu finden und ihre Schwester zu retten oder zu rächen. Nachdem er dies vernommen hatte, bot Daagoo ihnen an, mit ihnen zu gehen. Aber sie lehnten seine Hilfe wieder ab.

Daagoo beobachtete ruhelos, wie die Brüder einige Habseligkeiten zusammenpackten und sich auf den Weg über die Tiefebenen zu den weit entfernten Bergen im Norden machten.

KAPITEL 11

Das Leben unter den Feinden

Vogelmädchen lernte schon bald das tägliche Einerlei ihres Lebens als Sklavin der Ch'eekwaii kennen. An den Tagen, an denen Turak mit den anderen Männern auf die Jagd ging, hielten die anderen Frauen sie zur Arbeit an. Jeder Widerstand führte nur zu weiteren Schlägen, daher spielte sie die Unterwürfige und versuchte zu tun, was sie von ihr verlangten. Manchmal verstand sie die Worte und Gesten nicht und das brachte ihr einen wütenden Stockschlag auf den Hintern oder einen Schlag ins Gesicht ein. Mit der Zeit aber lernte Vogelmädchen einige Worte der Ch'ekwaii – genug, um ihre Befehle und Beleidigungen zu verstehen.

Die Ch'eekwaii ließen sie niemals vergessen, daß sie ihre Feinde waren, wie sehr sie sich auch bemühte, sie zufriedenzustellen. Die Frauen erlaubten den Kindern, sie zu hänseln und Dinge nach ihr zu werfen, während sie selbst amüsiert zuschauten. Vogelmädchen biß sich dann auf die

116

Unterlippe und kämpfte gegen ihre Tränen an, denn sie hatte sich geschworen, daß man sie niemals weinen sehen würde.

Um sie weiter zu quälen, gaben die Frauen ihr oft nichts zu essen. Obwohl die Nahrung für Vogelmädchen fremd war und sie sie nicht mochte, hatte sie doch ständig Hunger. Wenn sie beim Kochen half, stahl sie, soviel sie konnte. Wenn man sie dabei erwischte, schrien die Frauen sie an und bearbeiteten sie mit ihren Fäusten, so daß Vogelmädchen im Stehlen immer geschickter wurde, um den Züchtigungen zu entgehen.

Abends, wenn Turak zurückgekehrt war, verlangte er Vogelmädchens ganze Aufmerksamkeit. Er befahl ihr, seine Hütte zu reinigen, ihm Essen zu kochen und ihm die Mahlzeiten zu servieren. Später dann, auf seinem Fell, das ihm als Bett diente, zwang er sich ihr auf. Doch Vogelmädchen unterdrückte ihre Schmerzensschreie und ihre Scham, denn sie wußte, daß er genau das hören wollte.

Je mehr Turak und seine Leute sich bemühten, Vogelmädchens Geist zu brechen, desto stärker und widerspenstiger wurde sie. Sie war sich sicher, daß sie erst zufrieden sein würden, wenn sie zusammenbrach und um Gnade flehte – und dann würden sie sie umbringen. Ihr Stolz hielt sie am Leben.

Eines Morgens wurde Vogelmädchen wie gewöhnlich brutal von Turak geweckt. Sie rollte sich verschlafen vom Fell, um ihm beim Anziehen zu helfen und sein Essen zuzubereiten. An diesem Morgen fühlte Vogelmädchen sich krank. Als sie in die Tundra stolperte, um sich zu erleichtern, brach sie zusammen und übergab sich im Schnee. Danach fühlte sie sich besser, setzte sich auf und wischte sich den Mund ab. Sie blickte sich um und stellte erleichtert fest, daß niemand Zeuge ihrer Schwäche geworden war, aber für den Rest des Tages fühlte sie sich seltsam.

Von da an übergab sie sich jeden Morgen. Einmal, nachdem sie sich im Schnee erbrochen hatte, blickte Vogelmädchen auf und stellte fest, daß sie beobachtet wurde. Es war die alte Frau, in deren Hütte sie ihre erste Nacht im Lager der Ch'eekwaii verbracht hatte. Die beiden starrten sich an. Dann drehte sich die alte Frau um und ging davon.

Vogelmädchen wartete darauf, daß die Alte den anderen Ch'eekwaii von ihrer Krankheit erzählen und die sich über sie lustig machen würden. Aber nichts dergleichen geschah. Vogelmädchen fiel auf, daß die alte Frau, die Ukpik genannt wurde, kein Interesse daran zeigte, sie zu quälen, und auch nicht an den anderen täglichen Ritualen der Ch'eekwaii teilnahm. Ukpik verbrachte selten Zeit mit den anderen Frauen, und sie vertrieb sehr oft die Kinder vor ihrer Hütte. Wenn es das Wetter erlaubte, machte sich die eigensinnige alte Frau auf, um zu jagen und nach Nahrung zu suchen, und kehrte am Abend für gewöhnlich mit dem Fleisch eines kleineren Tieres zurück.

In den Wintermonaten verlor Vogelmädchen jegliches Zeitgefühl. Jeden Tag, wenn sie aus der Behausung trat, fuhr ihr der Wind scharf ins Gesicht, und der dahinfegende Schnee bildete oft eine riesige Wand um das Lager, die vom Himmel bis zum Boden reichte.

Vogelmädchen haßte die kältesten Tage, wenn Turak in der Hütte blieb, unruhig auf und ab lief und schnell zornig wurde. Sie versuchte, ihm aus dem Weg zu gehen und hockte sich an eine Wand der Hütte, dankbar für all die Flickarbeiten, mit denen seine Leute sie überschütteten. Wenn er nicht mit ihr zufrieden war, warf Turak sie in die Kälte hinaus. Dann mußte sie zu den Hütten der anderen Ch'eekwaii gehen und um Unterschlupf bitten.

Viele Male, wenn sie so in den Schnee geworfen worden war, suchte Vogelmädchen Zuflucht bei Ukpik. Obwohl die alte Frau sie nicht einlud, bei ihr zu bleiben, so wies sie sie auch nie ab. Aber jedesmal machte sich Turak wieder auf die Suche nach seiner Sklavin und schleppte sie in seine Hütte zurück.

Als die kältesten Tage vorüber waren, verschwand Turak immer wieder für längere Zeit, um auf der zugefrorenen See nach Seehunden und Polarbären zu jagen. Nur dann konnte Vogelmädchen einige Nächte in Frieden verbringen. Am Tage gehorchten die Frauen der Ch'eekwaii Turaks Anordnungen, seine Sklavin zum Arbeiten anzuhalten. Aber Vogelmädchen hatte dennoch kleine Freiheiten, denn die Frauen ignorierten sie hin und wieder, da sie die Arbeiten, die sie selbst gerne machten, nicht abgeben wollten.

Eines Tages, als Turak wieder fort war und der Wind kräftig blies, beschloß Vogelmädchen, einige Kleidungsstücke und Decken zum Lüften aufzuhängen. Als sie hinaufgriff, um eine schwere Felldecke über einen Stab zu hängen, der zwischen zwei Hütten angebracht war, hörte sie, wie einige Frauen sich aufgeregt unterhielten. Sie blickte auf und sah, daß sie auf sie zeigten.

Sie hielt sofort inne in dem, was sie tat, und beobachtete die Frauen. Wenn sie ihr soviel Aufmerksamkeit schenkten, so bedeutete das für gewöhnlich nichts Gutes.

Eine der Frauen marschierte geradewegs auf Vogelmädchen zu und legte ihr eine Hand auf den Bauch. Die beiden starrten sich in die Augen und plötzlich wußte Vogelmädchen, was die andere Frau vermutete. Der Gedanke rollte wie eine Lawine heran, baute sich langsam auf und stürzte dann krachend in ihr Bewußtsein. Die Beine wollten ihr versagen, denn sie wußte, daß die Frau recht hatte. Sie war schwanger.

Vogelmädchen stolperte in Turaks Hütte. Dort, wo sie vor allen Blicken geschützt war, keuchte sie laut auf und bemühte sich, die Übelkeit, die sie er-

120

faßte, zu unterdrücken. Ihr einziger Traum ... ihre
Hoffnung, die sie in diesem seltsamen Land ohne
Bäume, mit diesem endlosen Himmel und den
wütenden Gesichtern am Leben gehalten hatte ...
dieser Traum war nun in Gefahr. Jeden Tag, an
dem sie draußen gearbeitet hatte, waren ihre
Blicke über die Landschaft gewandert, und sie
glaubte inzwischen zu wissen, wie sie den Paß

über die in der Ferne liegenden Berge erreichen konnte. Sie wartete nur auf den richtigen Moment für ihre Flucht.

Aber innerhalb eines Augenblicks hatte sich plötzlich alles verändert. Sie hatte sich für unbesiegbar gehalten, fähig, über gefallene Bäume zu springen, zu laufen, ohne zu ermüden, gegen starke Strömungen anzuschwimmen und viele Tiere zu jagen. Nun war sie wirklich zu einer besiegten Sklavin geworden, die schon bald vor Schmerzen schreien würde, wenn sie das Kind ihres Peinigers zur Welt brachte.

Vogelmädchen legte eine Hand auf ihren Bauch. Sie wußte, daß sie in einigen Monaten schwer und rund sein würde, unfähig, zu laufen. Wenn sie flüchten wollte, dann mußte sie es jetzt tun.

Ohne weiter nachzudenken, füllte sie einen Beutel mit getrocknetem Fleisch und Fett, einem Feuerstein und einer Felldecke. Es ängstigte sie, daß sie Turak bestahl, aber sie würde diese Dinge brauchen, um bei der Überquerung der Berge überleben zu können.

In dieser Nacht heulte der Wind schrecklich. Vogelmädchen zwang sich, ihren warmen Unterschlupf zu verlassen und in die kalte Dunkelheit hinauszutreten. Sie versuchte, sich daran zu erinnern, wo sich was im Lager befand und bewegte sich leise zwischen den vertrauten Hütten. Hunde hoben den Kopf, aber keiner bellte, während sie

an ihnen vorbei in die gefrorene Tundra hinaus-
schritt.

Als sie das Lager der Ch'eekwaii nicht mehr hinter sich erkennen konnte, atmete Vogelmädchen
tief durch. Der Wind schrie ihr ins Gesicht und sie
stemmte sich gegen ihn, stolperte vorwärts und
versuchte, in südliche Richtung zu laufen, dahin,
wo ihr Heimatland lag.

Sie wanderte die ganze Nacht hindurch und der
Wind ließ keinen Augenblick nach. Im ersten
Licht der Morgendämmerung schienen die Berge
noch weiter weg zu sein, als sie es sich vorgestellt
hatte. Ihre Beine waren bereits müde, denn sie
hatte lange Zeit nicht mehr eine solche Strecke
zurückgelegt, und die Schwangerschaft setzte ihrem sonst so starken Körper zu. Vogelmädchen
stapfte durch den fallenden Schnee und versuchte, keine Zeit damit zu vertrödeln, sich umzudrehen, um nachzuschauen, ob ihr jemand folgte. Ab
und an blieb sie stehen, um sich auszuruhen und
einige Stückchen von dem Fleisch und dem Fett
zu sich zu nehmen, das sie gestohlen hatte.

Als das kurze Tageslicht verlöscht war und die
Nacht kam, mußte sich Vogelmädchen wieder auf
ihren inneren Orientierungssinn verlassen. Sie
spürte, daß der Boden langsam nach oben führte und sie wußte, daß sie die Hügel am Fuß der
Berge erreicht hatte, die das Gebiet der Ch'eekwaii
von dem der Gwich'in trennten. Sie wurde so aufgeregt, daß sie sich erst einmal beruhigen muß-

te. Sie hatte immer noch einen langen Weg vor sich.

Als der Himmel sich aufhellte, war Vogelmädchen erschöpft. Das Laufen machte sie schwindelig und ihr Atem ging in schweren Stößen, so daß sie sich zwingen mußte, weiterzulaufen. Dies war nicht der richtige Zeitpunkt, um schwach zu werden, denn der Tod war ihr auf den Fersen.

Vogelmädchen konnte sich nicht daran erinnern, wie lange es gedauert hatte, bis die Jäger der Ch'eekwaii von den Jagdgründen der Karibus in ihr Heimatland gelangt waren, denn sie war zu ängstlich gewesen, um auf die verstreichende Zeit zu achten. Sie nahm an, daß es mindestens sieben Tage gewesen waren. Für ihren Rückweg würde sie länger benötigen, denn sie hatte keine Schneeschuhe, um über den tiefen Schnee laufen zu können.

Spät am vierten Tag erreichte Vogelmädchen die Gebirgsausläufer. Sie beschloß, Rast zu machen, bevor sie begann, die Berghänge hinaufzuklettern, denn wegen ihrer Müdigkeit kam sie nicht schnell voran. Sie blickte sich nach einem Unterschlupf um, sah aber nur Schneewehen. So grub sie einen Tunnel in eine, wie ein Hund der Ch'eekwaii, und streckte sich darin auf ihrer Felldecke aus. Ihr Körper und ihre Sinne waren so erschöpft, daß sie sofort in einen tiefen Schlaf fiel.

So fand Turak sie einige Stunden später schlafend in ihrer Schneehöhle. Als erfahrener Jäger

hatte er keine Schwierigkeiten gehabt, ihre Fußabdrücke unter dem pulverigen Neuschnee zu ver-
folgen. Nun starrte er sie ohne jedes Mitleid an. Sie
war eigensinnig. Wenn er sie frei gab, würde er damit seine Unterlegenheit in diesem Kampf eingestehen. Das durfte er nicht zulassen. Ohne zu zö-
gern, hob er sie auf seinen Schlitten und lenkte die
Hunde in Richtung Lager.

Irgendwann unterwegs wurde Vogelmädchen
wach. Als ihr klar wurde, wo sie sich befand, überkam sie tiefe Verzweiflung. Trotz all ihrer Anstren-
gungen, zu entkommen, hatte man sie wieder gefangengenommen.

Tränen strömten ihr über die Wangen. Sie dachte an das Leben, das in ihr wuchs und fragte sich,
was aus ihr und dem Kind werden würde. Sie
blickte zu Turak, der hinten auf dem Schlitten
stand. Dieses Kind in ihr war ein Teil von ihr und
ein Teil von ihm – zwei Feinde, die in ihrem Bauch
vereint waren.

Doch immer dann, wenn Leben empfangen
wird, gibt es auch eine Hoffnung, einen neuen An-
fang. Auch Vogelmädchen konnte sich diesem
zeitlosen Zauber nicht entziehen, als sie so auf
ihrem Schlitten lag und das Beste für das Leben in
sich und für sich selbst erhoffte.

KAPITEL 12

Ein Kind wird geboren

Als Turak mit Vogelmädchen auf seinem Schlitten ins Lager zurückkehrte, war es Abend. Keiner der anderen Ch'eekwaii trat aus seiner Hütte, um ihn zu begrüßen. Vielleicht fürchteten sie seine schlechte Laune, dachte Vogelmädchen, denn sie nahmen wohl an, daß er zornig darüber war, seine Sklavin einfangen zu müssen.

Turak packte sie am Arm, zog sie vom Schlitten und zerrte sie in seine Hütte. Dort zog er ihr die Hosen herunter und starrte auf ihren Körper. Die anderen im Lager flüsterten sich zu, daß die Gwich'in schwanger sei.

Er konnte es einfach nicht glauben. Er hatte ihr nur deshalb Gewalt angetan, um sie leiden zu sehen, ohne jedoch über die Konsequenzen nachzudenken. Er preßte seine Hand fest gegen sie und spürte die Wölbung ihres Leibes. Der Gedanke, daß diese Sklavin sein Kind trug, widerte ihn an. Zorn überkam ihn, und er schlug sie so heftig, daß sie gegen die Wand schlug und zu Boden sank.

Vogelmädchen blieb entsetzt liegen. Sie hatte gehofft, daß dieses Kind, das sie trug, seine Gefühle ein wenig milder stimmen würde, aber er schien sie noch mehr zu hassen als je zuvor. Turak zeigte auf sie, übergoß sie mit einem Strom wütender Worte und stürmte aus der Hütte.

Vogelmädchen spürte, wie sie langsam ihren Lebenswillen verlor. Selbst wenn es ihr gelingen sollte, zu ihren Leuten zu fliehen, würde man sie mit diesem Kind eines Ch'eekwaii niemals wieder aufnehmen. Statt dessen würde man sie verachten, weil sie ihr Nachtlager mit einem Feind geteilt hatte. Und die Ch'eekwaii würden ihr Kind ebenfalls nicht akzeptieren, da es halb Gwich'in war.

Am nächsten Tag betrat ein Mädchen, das kaum alt genug war, um eine Frau zu sein, die Hütte mit einer Schüssel Suppe. Vogelmädchen betrachtete sie mißtrauisch, als die Jüngere ihr die Schüssel darbot. Sie nahm sie und hob sie an die Lippen. Das Mädchen warf ihr ein nervöses Lächeln zu, während Vogelmädchen trank. Die Suppe wärmte Vogelmädchens leeren Magen, und sie genoß den Fleischgeschmack. Später kehrte das Mädchen mit einem großen Bündel zurück, das es auspackte. Vogelmädchen beobachtete, wie das Mädchen sich mit seinen Habseligkeiten einrichtete, Turaks Fell, seine Schlafstatt, glattzog und sich um andere Arbeiten kümmerte. Was hatte das alles zu bedeuten? Sie fragte sich hoffnungsvoll, ob man ihr nun, da dieses Mädchen offenbar hier eingezogen war, erlauben würde zu gehen.

Turak kehrte am Abend zurück. Er ignorierte Vogelmädchen, wandte sich aber gelegentlich an das junge Mädchen, das nervös herumzappelte. Sie hatte ein Mahl zubereitet und Turak aß, während sie und Vogelmädchen zusahen.

Als es Zeit war, sich schlafen zu legen, ging das Mädchen zu Turaks Bettstelle, und Vogelmädchen verstand. Turak hatte sich eine Frau genommen. Für einen Moment war Vogelmädchen voller Freude, aber dann kamen ihr Zweifel. Würden die Ch'eekwaii ihr trotzdem erlauben weiterzuleben? Was würde geschehen, wenn sie ihr Kind geboren hatte? Vogelmädchen konnte sich nicht vorstellen, daß sie das Kind, das in ihr wuchs, annehmen würden.

Eine Weile lang erwartete Vogelmädchen, daß Turak sie hinauswerfen würde, aber das geschah nicht. Statt dessen blieb sie in seiner Hütte und mußte stumm danebenliegen, während er seine neue Frau streichelte. Dem Mädchen, dessen Name Akpa war, schien das peinlich zu sein. Wenn die beiden allein waren, lächelte sie Vogelmädchen schüchtern zu.

Nun, da Turak sie ignorierte, wurde das Leben für Vogelmädchen erträglicher. Aber es gab Zeiten in diesem langen Winter, wenn die Sonne hinter dem gradlinigen Horizont verschwand und nur eine Spur bleichen, rosafarbenen Lichts hinterließ, in denen Vogelmädchen die Tränen bei dem Gedanken an das Leben, das sie vor ihrer Gefangenschaft geführt hatte, zurückhalten mußte.

Ihr wurde klar, wie selbstherrlich sie gewesen war. Sie hatte alles für selbstverständlich genommen und nicht auf den Rat ihrer Eltern gehört. Sie hatte sich für stark und unverwundbar gehalten, aber in Wahrheit hatte sie ein behütetes Leben geführt. Nun wußte sie es besser. Vogelmädchen saß da, die Hände auf ihrem immer dicker werdenden Bauch, und sah zu, wie der Wind eine Wand aus Schnee über das Land und die See blies. Und die Sonne, die nur kurz über die Himmelkante blickte, konnte ihr keinen Trost spenden.

Während dieser Zeit begleitete Akpa sie überall hin. Als die Sonne höher in den Himmel stieg und die kalte Zeit sich langsam dem Ende neigte, verbrachten die beiden Frauen viel Zeit damit, Erdhörnchen und Frühjahrsvögel, die wieder zurückgekehrt waren, zu jagen. Vogelmädchen stellte zwar fest, daß das Mädchen, das immer an ihrer Seite war, keine richtige Freundin war, aber sie war dankbar für Akpas schweigsame Gesellschaft.

Die anderen Ch'eekwaii hielten sich von Vogelmädchen fern. Manchmal, besonders, wenn sie mutlos wurde, glaubte sie, Mitleid in den Blicken der anderen zu entdecken. Doch sie wandten sich immer schnell von ihr ab. Die Freundlichkeit, nach der sie sich sehnte, war mehr, als sie zu geben vermochten.

Vogelmädchen suchte oft Ukpiks Gesellschaft, doch Turak schleppte sie immer wieder wütend von ihr fort, denn er wollte nicht, daß seine Sklavin eine Freundin hatte. Doch die alte Frau war die einzige im Lager, die sich nicht von Turak einschüchtern ließ. Sie mißbilligte die Weise, wie die anderen ihn bewunderten und seinem Beispiel folgten. Normalerweise war ihre Sippe gerecht und vernünftig, aber sie hatte es zugelassen, daß Turaks Haß sie korrumpierte. Deshalb verachtete Ukpik ihn. Wenn sie die Gelegenheit hatte, hieß sie das Mädchen in ihrer Hütte willkommen und gab ihr Essen, ohne sich darum zu scheren, daß sie ihre Feindin war. Auf diese Art rebellierte die alte Frau gegen Turak.

Der Sommer kam und Vogelmädchens Schwangerschaft neigte sich dem Ende zu. Ihr Bauch wurde so rund, daß sie kaum noch gehen konnte. Eines Tages verspürte sie einen schmerzhaften Krampf in ihrem Rücken. Die Frauen der Ch'eekwaii bemerkten, wie sie ihren Rücken rieb und sagten ihr, daß die Zeit für die Geburt gekommen sei.

Vogelmädchen bekam große Angst. Sie hatte nie zugehört, wenn ihre Mutter Geschichten über die Geburt von Kindern erzählte. Obwohl sie eigentlich in Geburtshilfe hätte unterwiesen werden sollen, war es ihr damals immer gelungen, diese Belehrungen zu umgehen. Nun bedauerte sie es und fürchtete um das Kind in ihrem Bauch.

Angst erfüllte sie, als der Schmerz entlang ihres

Rückengrats zunahm. Vogelmädchen biß sich auf die Lippe, um die pulsierenden Krämpfe abzuwehren, während die Frauen sie zu der Geburtshütte führten, die in einiger Entfernung vom Lager stand.

Zwei Nächte vergingen und Vogelmädchens Wehen hielten an. Die anwesenden Frauen ermutigten sie, herumzugehen statt zu liegen, und sie stellte fest, daß es ihr half, die Gedanken von den zunehmenden Schmerzen abzulenken. Am dritten Tag versuchten die Frauen, sie dazu zu bringen, sich auszuruhen, aber immer, wenn Vogelmädchen einschlief, wurde sie sofort wieder von stechenden Schmerzen geweckt. Als sie dachte, daß sie den Schmerz nicht länger aushalten könnte, überkam sie ein unglaublicher Drang, zu pressen.

Die Frauen hielten Vogelmädchen in einer sitzenden Position und sprachen ihr ermutigende Worte zu. Sie hatte bereits Wehenschmerzen als unerträglich empfunden, aber als sie sich bemühte, zu pressen, erfuhr sie eine noch größere Hilflosigkeit. Plötzlich durchzuckte sie völlig unvorbereitet ein messerscharfes Stechen. Bevor sie aufschreien konnte, glitt das Baby in die wartenden Hände der Hebamme, und Vogelmädchen verspürte eine große Erleichterung.

Die Frauen rieben das Kind ab, wickelten es in eine Fuchshaut und erlaubten Vogelmädchen nur einen kurzen Blick auf das schwarze Haar ihres neugeborenen Sohnes. Dann trugen sie ihn aus der Hütte. Eine ältere Frau blieb bei Vogelmädchen, während ihr Körper die Nachgeburt abstieß. Vorsichtig wickelte die Frau sie in ein Stück Leder und schaffte sie fort.

Vogelmädchen legte sich erschöpft zurück und schlief ein. Sie schlief den ganzen Tag, bis in die Nacht hinein. Als sie erwachte, war sie allein. Sie fühlte sich wund, aber ausgeruht. Ein tiefer Friede überkam sie, als sie sich in Erinnerung rief, daß sie ein Kind geboren hatte. Vogelmädchen sehnte sich danach, den Jungen im Arm zu halten und so ging sie auf schwachen Beinen zum Lager zurück.

In Turaks Unterschlupf fand sie Akpa, die das Kind in den Armen hielt. Ein schuldbewußter Ausdruck erschien auf dem Gesicht des jungen Mädchens, als Vogelmädchen die Arme nach dem Kind ausstreckte. Turaks Gesicht verdunkelte sich vor Zorn. Er packte Vogelmädchen grob am Arm und zerrte sie aus der Hütte.

Turak schleuderte sie zu Boden, aber sie kam sofort wieder auf die Füße. Sie ging auf ihn los und versuchte, sich den Weg zu ihrem Kind zu erkämpfen, aber Turak versperrte ihr groß und furchteinflößend wie eine Wand den Zutritt. Sie kämpfte heftig gegen ihn an, aber er zerrte sie abermals vom Eingang fort. Dieses Mal stieß er sie so heftig zu Boden, daß sie sich nicht wieder erheben konnte.

Plötzlich wurde ihr klar, was vor sich ging. Sie

stahlen ihr Baby. Man hatte ihr Glauben gemacht, daß sie ein annehmbares Leben mit ihrem Kind würde führen dürfen. Das war eine Lüge gewesen. Turak war es immer noch nicht leid, sie zu quälen. Er hatte Akpa aufgetragen, sie zu beobachten, falls sie versuchten sollte, wegzulaufen oder sich umzubringen.

Er hatte gewollt, daß sie dieses Kind gebar, damit er es ihr wegnehmen konnte. Das war seine neue Art, sie leiden zu lassen.

Vogelmädchen stemmte sich wütend hoch, stolperte in Turaks Hütte zurück und schrie in der Sprache der Gwich'in nach Rache. Turak schlug sie hart mit der Faust, und ihre Knie gaben nach. Dann schleifte er sie durch das Lager zu Ukpiks Behausung.

Die beiden Ch'eekwaii stritten sich laut. Ukpik bedachte Turak mit wütenden Schimpfworten, weil er dieses Mädchen so grausam mißhandelt hatte. Turak wollte sich nicht länger mit ungehorsamen Frauen abgeben, gleichgültig, ob es sich um eine Skavin oder eine Alte handelte, und so schimpfte er zurück. Wenn dieses Mädchen Ukpik so leid tat, dann könne sie sie gerne haben, rief er. Schließlich stürmte er aus der Hütte und schrie, die Gwich'in solle dankbar sein, daß er sie nicht getötet habe.

Als er fort war, sackten Ukpiks schmale Schultern zusammen. Was sollte sie mit dieser Feindin anfangen, die niemand wollte? Sie hatten sie miß-

braucht und dann einfach ausgestoßen. Traurig
schüttelte sie den Kopf, denn diese Gwich'in und
sie hatten viel gemeinsam. Beide wurden sie als
wertlos erachtet – sie wegen ihres Alters und das
Mädchen, weil sie Angehörige eines feindlichen
Stammes war.

Einige Tage vergingen und Ukpik riet Vogelmädchen davon ab, die Hütte zu verlassen. Als Vogelmädchen schließlich doch hinaustrat, stellte
sie fest, daß die Ch'eekwaii sie ignorierten und so
taten, als sei sie gar nicht vorhanden. Ihre Gegen-

wart schien ihnen peinlich zu sein, denn sie war zu nichts mehr nutze. Turak war der einzige, der sie im Lager behalten wollte, und das auch nur, damit er sie mit dem Kind quälen konnte.

Doch ließ Turak es nicht zu, daß Vogelmädchen irgendeine Rolle im Leben ihres Sohnes spielte. Nachdem sie all die Schmerzen und all die Demütigungen ertragen hatte, die ihr von den Ch'eekwaii zugefügt worden waren, empfand Vogelmädchen das Wissen, ihren Sohn ganz in der Nähe – in Turaks Hütte, deren Zutritt ihr verboten war – zu haben, als pure Folter. Von Kummer überwältigt, verbrachte sie ihre Nächte mit verzweifeltem Weinen.

KAPITEL 13

Die Verwirklichung
eines Traums

Fünf Jahre lang beobachtete Daagoo, wie die Jungen, die er zu Jägern ausgebildet hatte, heranwuchsen und ihre eigenen Familien gründeten. Er selbst aber nahm keine Frau. Statt dessen kümmerte er sich um seine Mutter, die langsam älter wurde und Hilfe beim Holzsammeln und bei der Suche nach Nahrung brauchte.

Shreenyaa tat ihr Sohn oft leid, denn sie erinnerte sich an seinen sorglosen Geist und vermißte diese Seite an ihm. Nun war er immer verschlossen und ernst. Sie fragte sich, ob er jemals wieder lächeln würde.

Eines Tages zog Daagoo die Karte aus Elchleder hervor, die er seit seiner Kindheit mit sich herumtrug. Er berührte sie vorsichtig und wußte, daß die Zeit gekommen war, seine Sippe zu verlassen und sich auf die Suche nach dem Land zu machen, nach dem er sich seit so vielen Jahren sehnte. Ehe er den Mut verlieren konnte, teilte er seiner Mutter seine Entscheidung mit.

»Ich habe bemerkt, daß du nicht glücklich bist«, sagte sie mit Tränen in den Augen. »Du mußt tun, wonach du dich sehnst, sonst wirst du niemals glücklich werden.«

Sie umarmte ihren Sohn, und er erwiderte ihre Umarmung mit stillen Tränen.

Daagoo verbrachte die nächsten Tage damit, sich auf seine Reise vorzubereiten. Die Sippe stellte seine Absicht nicht in Frage. Sein Traum kam ihnen lächerlich vor, aber aus Respekt vor ihm behielten sie ihre Ansichten für sich. Er war erleichtert, daß er keine Fragen beantworten mußte, denn sein einziger klarer Plan bestand darin, der Karte zu folgen und die alte Route Richtung Süden zu erkunden, die ihn ins Land der Sonne führen sollte.

Er bedauerte, daß er sich nicht von Vogelmädchens Brüdern verabschieden konnte, aber sie befanden sich auf einer ihrer langen Erkundungen in den Bergen. Obwohl bereits viele Jahre vergangen waren, hatten sie nie die Hoffnung aufgegeben, ihre Schwester eines Tages doch zu finden.

Als der Tag kam, an dem Daagoo aufbrechen wollte, stand seine Mutter vor ihrer Hütte und verabschiedete sich tapfer von ihm. Andere Angehörige der Sippe starrten ihn stumm an. Sie konnten die Ruhelosigkeit dieses Mannes einfach nicht verstehen. Als er sich aufmachte, platzte einer der kleinen Jungen heraus: »Wohin gehst du?«

»Ich werde der Sonne folgen!« erwiderte Daagoo einfach und drehte sich nicht mehr um.

Den ganzen Winter hindurch marschierte Daagoo mühelos an den gefrorenen Flüssen und Seen entlang. Während er der Route auf der Lederkarte folgte, dachte er an die Worte des alten Mannes, der sie ihm vor langer Zeit beschrieben hatte.

»Es wird erzählt, daß unsere Leute diesen Weg genommen haben«, hatte der alte Mann gesagt und eine Furche in die Erde gezogen, die eine Strecke Richtung Süden bezeichnete. »Wir wissen nicht, ob sie das Land der Sonne erreicht haben oder ob ein solcher Ort überhaupt existiert.«

Wochen vergingen, dann Monate. Das Land veränderte sich unterwegs nur wenig. Daagoo sah Schnee und vertraute Tiere, aber keine Menschen. Dann, eines Tages, überraschte er eine Gruppe Jäger. Für einen Moment wußten sie nicht, wie sie reagieren sollten, und Daagoo erging es ebenso.

»Wer bist du?« fragte einer von ihnen.

Daagoo war erleichtert, seine eigene Sprache zu hören, obwohl sie etwas anders klang.

»Ich bin Daagoo«, erwiderte er. »Ich komme von den Gwichyaa Zhee, dem Volk aus den Tiefebenen.« Er deutete nach Norden, in die Richtung, wo sein Heimatland lag.

Die Männer traten auf ihn zu, um als Zeichen der Freundschaft seine Hand zu schütteln. »Wir wissen von unseren Verwandten dort«, sagte einer und lud Daagoo ein, das Mahl mit ihnen zu teilen.

»Unser Hauptlager ist weit von hier entfernt, doch wir jagen in diesem Gebiet immer nach Elchen. Bisher haben wir aber noch keine gesehen.«

Alle betrachteten Daagoo neugierig.

»Wohin führt dich dein Weg?« erkundigte sich ein anderer Mann.

Daagoo zog seine Karte hervor und erzählte ihnen seine Geschichte. Die Männer starrten ihn an. Als er fertig war und sie eine Weile geschwiegen hatten, sagte einer von ihnen: »Das ist sehr weit von hier entfernt. Es wird Monate dauern, dorthin zu kommen.«

Daagoo nickte. Er wußte, daß seine Reise kaum begonnen hatte.

»Du bist sehr neugierig«, sagte ein Mann. »Ich bewundere das. Es muß schwer für dich gewesen sein, deine Familie zu verlassen.«

Daagoo nickte erneut. Das Verständnis des Mannes freute ihn. Er fragte sich, ob andere Männer insgeheim den gleichen Traum hatten wie er.

In dieser Nacht teilten diese Gwich'in ihr Lager und ihre Geschichten mit Daagoo, und er erfuhr, daß sein Volk weiter über das Land verstreut war, als er angenommen hatte.

»Weiter im Süden verläuft die Küste«, erklärte ein Mann, »aber im Winter wird das ganze Land kalt und ist von Schnee bedeckt. Glaubst du wirklich, daß es ein Land gibt, wo die Sonne immer scheint?«

Daagoo nickte. Er war zu weit von zu Hause

entfernt, um nun Zweifel an der Legende hegen zu dürfen.

Am nächsten Morgen verabschiedete er sich von seinen neuen Freunden. Sie bewunderten seinen Mut und brannten darauf, ihren Familien von diesem Mann zu erzählen.

»Sei vorsichtig, wenn du weiter in den Süden kommst«, warnten sie ihn. »Die Menschen dort sind unsere Feinde. Sie sprechen eine andere Sprache und heißen Fremde nicht willkommen. Es wäre besser, wenn du etwas hättest, was du eintauschen kannst. Das kann dir das Leben retten.«

Daagoo wünschte, er hätte eher daran gedacht. Er hätte einige wertvolle Häute und Felle mitnehmen sollen, die seine Mutter gegerbt hatte. Als er aufbrach, bedauerte er, daß er diese Reise nicht besser geplant hatte.

Wieder allein, zog Daagoo weiter durch den Winter und stellte fest, daß das Land sich allmählich veränderte. Aus den weiten Ebenen wurden Hügel und aus den Hügeln Berge. Er verbrachte viel Zeit damit, Pässe über die vielen Bergketten, die sich vor ihm auftürmten, zu suchen. Er wanderte über hohe Kämme und stieg in tiefe Schluchten hinab. Unterwegs sah er vertraute Tiere wie Luchse und Bären. Er überlegte, ob er Fallen aufstellen sollte, um ihre Felle zu bekommen, entschied aber, daß er sich nicht mit ihrer Last beschweren wollte.

Während die Monate ins Land zogen, verlor Daagoo jeglichen Zeitbegriff. Langsam wurde es

Daagoos Reiseroute

R. J.L. Grand

wärmer und von den Bergen strömte Schlamm und Schneematsch herab. Die Bäume wurden größer und dichter und waren mit grünem Moos bedeckt. Um zu verhindern, daß er die steilen Abhänge hinabrutschte, griff Daagoo oft nach den Stielen der Pflanzen, nur um festzustellen, daß viele von ihnen scharfe Dornen hatten, die wie Messer ins Fleisch schnitten. Seine Hände waren bald eingerissen und blutig vom Klettern.

Die Elche verschwanden, und es wurde schwierig, Tiere für die Jagd zu finden. Aber Daagoo hatte damit gerechnet, daß sich mit dem Land auch die Tierwelt ändern würde, und so hielt er sich mit kleinerem Wild am Leben. Selbst die Eichhörnchen unterschieden sich von denen, die er zu Hause gejagt hatte.

Das Frühjahr war bereits seit einer Weile ins Land gezogen, als Daagoo eine weitere Gruppe von Menschen entdeckte. Sie hatten ihn nicht bemerkt, und so folgte er ihnen unerkannt. Sie marschierten eine weite Strecke, und zwei Männer trugen ein Tier, das einem Karibu ähnlich sah, aber kleiner war und an einer Stange hing, die sie auf ihre Schultern gelegt hatten. Daagoo hielt einen sicheren Abstand und blieb unentdeckt, obwohl sich einige Männer öfter umwandten. Schließlich erreichten sie ein Lager, wie Daagoo es noch niemals gesehen hatte.

Es war eine große Ansiedlung von Holzhütten, die in einer Reihe am Wasser standen. Hoch über

den Eingängen hingen bunte Schilde, auf denen seltsam bemalte Gesichter zu sehen waren. Entlang des Ufers standen Käfige, in denen Fisch und Fleisch getrocknet wurde, und Menschen liefen durch das Lager, während der Rauch von offenen Feuern durch die Luft zog.

Das Dorf lag am Ufer des größten Flusses, den Daagoo jemals gesehen hatte. Er war so breit, daß er auf der anderen Seite kein Land erkennen konnte, und Daagoo fühlte die Feuchtigkeit in der Luft. Am Ufer lagen viele hölzerne Kanus, die dem Fluß entsprechend unglaublich groß waren. Sie waren mit bunten Tierzeichnungen geschmückt.

Die Männer legten das Tier, das sie erbeutet hatten, ab, während sich ihre Leute um sie versammelten und sie willkommen hießen. Dann deuteten die Jäger auf das Gehölz, wo Daagoo sich versteckte. Er wich zurück, aus Angst, daß man ihn entdeckt haben könnte. Nach einer Weile beruhigte sich die Menge wieder, und Daagoo fühlte sich sicherer. Das Aroma von gebratenem Fleisch erfüllte die Luft, und er leckte sich hungrig die Lippen.

Daagoo wartete, bis alle Leute in ihren Hütten verschwunden waren, ehe er wagte, hervorzukommen. Er kroch lautlos ins Lager und stahl das Fleisch, das sie auf den Steinen in der Nähe des Feuers liegengelassen hatten. Ein wenig schuldbewußt kehrte er in sein Versteck zurück und verspeiste das zarte Mahl. Es erinnerte an Karibu, schmeckte aber süßlicher, und er genoß es sehr.

Am nächsten Morgen schlich Daagoo neugierig hervor, um diese Leute weiter zu beobachten, die so sonderbar aussahen. Im Gegensatz zu den Gwich'in, die nur einfache Häute und Felle trugen, besaßen diese Menschen kunstfertige Fellkleidung, die sie gegen den Wind, der vom Wasser heranwehte, schützte. Einige bevorzugten weiche Mäntel, die aus Holzrinde gewebt worden waren, während andere bunt gemusterte Umhänge trugen, die offenbar aus Tierhaar gewebt waren, das man zu dicken Fäden versponnen hatte. Sie besaßen auch ganz unterschiedliche Hüte, in der Form von Vögeln oder anderen Tieren, wunderschön aus Holz geschnitzt oder auch aus getrocknetem Gras und Baumrinde gewebt.

Daagoo bemerkte, daß viele dieser Fremden Schmuckstücke trugen, die aus den Schalen von Seetieren gefertigt waren. Solche Schalen waren für die Gwich'in seltene Schätze, die sie von ihren Nachbarn nahe der Küste gegen viele Dinge eintauschten. Außerdem besaßen diese Leute ein seltsames, gelbrotes Metall, das sie zu Ornamenten und scharfen Waffen verarbeiteten.

Er verbrachte den Tag damit, sie zu beobachten, und in der Nacht, als sie schliefen, kroch er erneut hervor, um weiteres Fleisch zu stehlen. Daagoo beschloß, daß dies sein letzter Diebstahl sein würde. Danach wollte er weiterziehen.

Noch einmal füllte er seinen Lederbeutel mit dem köstlichen Fleisch. Doch als er sich zum Aufbruch bereit machte, spürte er plötzlich, daß er nicht allein war. Er war von grimmig aussehenden Männern umzingelt, von denen manche Ringe in den Nasen hatten. Alle trugen Speere und Metalldolche. Daagoo blieb bewegungslos stehen, die Hände in die Luft gereckt. Er wußte, daß ein einziger Fehler ihn das Leben kosten konnte.

Die Männer kamen vorsichtig näher. Daagoo versuchte zu lächeln, aber seine Furcht war zu groß. Die Männer fürchteten sich ebenfalls. Sie hielten diese seltsame Gestalt für einen Geist aus einer anderen Welt. Der größte Mann der Gruppe trat vor und schrie etwas in einer eigenartigen, kehligen Sprache, aber Daagoo getraute sich nicht, zu antworten. Dann streckte der Häuptling seine Hand aus, um ihn zu berühren. Als er feststellte, daß Daagoo ein Mensch war, sprach er erneut, dieses Mal ruhiger. Die Sprache war voller Schnalzer und kehliger Laute, als versuchte er, seine eigenen Worte zu verschlucken. Seine Leute nickten, beruhigten sich und starrten Daagoo an.

Daagoo, der einmal ein Anführer, Jäger und Fährtensucher gewesen war, stand nun als Dieb vor ihnen. Er schämte sich. Wenn sie ihn bestrafen wollten, so hatte er es verdient.

Der Häuptling befragte ihn aufgebracht. Sobald Daagoo in seine dunklen glitzernden Augen blickte, lief es ihm vor Angst kalt den Rücken hinunter. Während einer nach seinem Beutel faßte, richteten die anderen scharfe Speere auf ihn.

Daagoo streckte schnell wieder die Hände in die Luft.

Einer der Speerträger griff in den Beutel, warf Daagoo einen drohenden Blick zu und zog die Karte hervor, die er sofort an den Häuptling weiterreichte. Dieser betrachtete sie eingehend und stellte Daagoo mit Neugier in der Stimme eine Frage. Auch Daagoo beugte sich vorsichtig vor, deutete auf die Karte und erklärte heftig gestikulierend, wohin ihn sein Weg führte. Die Männer standen um ihn herum und bemühten sich, zu begreifen, was er ihnen sagte.

Der Häuptling war der erste, der ihn zu verstehen schien, und als er seinen Leuten Daagoos Reise erklärte, murmelten sie alle ehrfurchtsvoll. Daagoo wußte nicht, daß dieser Stamm einer der mächtigsten und kriegerischsten des ganzen Landes war. Für gewöhnlich hätten sie einen Eindringling gehängt oder zum Sklaven gemacht. Aber seine Geschichte war so außergewöhnlich, daß sie nur dastehen und diesen Reisenden anstarren konnten, der von weit her kam und der Sonne folgte.

Zu Daagoos Überraschung bedeutete ihm der Häuptling, auf einer gewobenen Grasmatte nahe am Feuer Platz zu nehmen. Dann reichte er ihm seinen mit Fleisch gefüllten Beutel. Daagoo spürte, wie er rot anlief, als er den Beutel mit einem dankbaren Nicken entgegennahm. Jemand gab ihm eine Schüssel mit Suppe, die er ebenso dankbar trank. Als er fertig war, stellte ihm der Häuptling mit Worten und Gesten weitere Fragen, und Daagoo bemühte sich, sie zu beantworten.

Die Männer starrten ihren Besucher ungläubig an. Sie hatten große Mühe, sein Verhalten zu verstehen. Warum sollte ein Mann sein Leben in Gefahr bringen, um einen unbekannten Ort zu erkunden? Genau wie die Gwich'in lebten auch diese Leute, die Tlingits, mit tief verwurzelten Traditionen. Jeder Tlingit, der es wagte, von der Tradition abzuweichen, wurde mit Zorn und Verachtung bestraft. Aber Daagoo war kein Tlingit und daher empfanden sie sein seltsames Verhalten nicht als Bedrohung. Obwohl sie ihn nicht verstanden, beschlossen sie, seinen Traum, das Land der Sonne zu finden, zu respektieren.

Daagoo blieb lange genug bei den Tlingits, um einiges über ihre Lebensweise zu lernen. Ihr Leben war erfüllt von Zeremonien, Kunst, Gesängen und Geschichten, und die Verzierungen, die ihre Hüte und die Türrahmen ihrer Hütten schmückten, erzählten von ihrer Geschichte. Daagoo kamen diese Leute reich vor, denn sie besaßen viele Güter, die sie bei den Gwich'in oder anderen Stämmen eingetauscht hatten.

Ihre Nahrung stammte zu einem großen Teil aus dem Meer, und sie schätzten das Fleisch des Lachses ebensosehr wie die Gwich'in. Nach einer Weile nahmen die Tlingits Daagoo in ihren wunderschönen Kanus mit und lehrten ihn, Tintenfische und Meeresfische zu fangen. Sie zeigten ihm auch, wie man bei Ebbe am Strand nach Muscheln sucht.

Daagoo stellte viele Unterschiede zwischen diesem Stamm und seinem eigenen fest. Und dennoch lebten die Tlingits wie die Gwich'in vom Land und vom Wasser, bedienten sich der Rituale, um ihre Geister und die der Vögel und Tiere zu verehren, und gehorchten strikten Traditionen, die keinen Ungehorsam duldeten.

Eines Morgens war Daagoo bereit, weiterzuziehen. Er betrachtete seine kärglichen Besitztümer. Da er nicht wußte, welche Menschen, Tiere und Länder ihn weiter im Süden erwarteten, wollte er etwas Nahrung mitnehmen, aber er hatte nicht viel, was er eintauschen konnte.

Daagoo wußte inzwischen, wie sehr die Tlingits Musik liebten. Er machte ihrem Anführer klar, daß er gerne ein Lied für einige Nahrungsmittel eintauschen wolle. Der Häuptling lachte, denn dies war die ungewöhnlichste Idee, von der er jemals gehört hatte. Aber als er merkte, daß es Daagoo ernst war, beschloß er, über diesen Vorschlag nachzudenken.

Der ganze Stamm versammelte sich, um ihm zuzuhören. Daagoos Lied war kurz, aber wunderschön und erfüllt von der Sehnsucht, die man nach dem Abschied von einem geliebten Menschen empfindet.

Aiyii yi yaaa, aiyii yi yaaaaaa
Aiyii yi yaaa, aiyii yi yaaaaa

Khit ts'a neet'ihiih khyaa,
  yeendaa ji'chan neenahall'yaa

(Ich werde dich immer lieben. Ich werde dich wiedersehen.)

Aiyii yi yaaa, aiyii yi yaaaaaa
Aiyii yi yaaa, aiyii yi yaaaaa

Shanandaii, shii chan nineehaldaii.

(Vergiß mich nicht. Ich werde dich niemals vergessen.)

Während er sang, dachte Daagoo an seine Mutter und seinen Vater, und seine Stimme füllte sich mit Leidenschaft. Der Häuptling war so begeistert, daß er mit Daagoo in das Lied einstimmte. Als sie geendet hatten, drehten sie sich zu den anderen um, die anerkennend in die Hände klatschten.

Der Anführer legte lächelnd seinen Arm um den verlegenen Daagoo. Das Lied hatte ihm gefallen und er war bereit, dafür Nahrung einzutauschen. Daagoo versprach, daß er nach seiner Rückkehr seiner Sippe mitteilen würde, daß sie dieses Lied niemals wieder singen konnten, da es nun den Tlingits gehörte.

Später erklärten seine neuen Freunde Daagoo, daß es entlang der Küste viele Stämme gebe, die schon seit Generationen gegeneinander um Land und Nahrung kämpften. Sie erzählten ihm auch von den unterschiedlichen Landschaften dort: Wüstengebiete, Hügel und Strände. Auch sie besaßen Legenden über Länder, die weit im Süden lagen.

Daagoo dankte ihnen für ihre Hilfe und winkte ihnen zum Abschied zu. Als er davonging, versuchten die Tlingits, sich die fremden Orte und feindlich gesinnten Stämme vorzustellen, die ihm auf seiner Reise begegnen würden. Was mochte wohl aus diesem Mann und seiner seltsamen Suche werden?

KAPITEL 14

Das Land der Sonne

In den folgenden Monaten kam Daagoo schneller voran, und er wurde stärker, je länger er wanderte. Entlang der Küste, wo er Strecke für Strecke hinter sich brachte, traf er auf keine Menschen, dafür aber auf die Überreste vieler verlassener Dörfer, unter Zweigen und zersplittertem Holz begraben. Nahrung war leicht zu finden. Er sammelte Muscheln und fing Fische mit Haken aus Holz, wie es ihm die Tlingits beigebracht hatten. Und er entledigte sich seiner warmen Kleidung, denn die Luft war selbst in der Nacht, nachdem die Sonne gesunken war, noch warm.

Neun Monate, nachdem er seine Sippe im Norden verlassen hatte, wanderte Daagoo an einem Sandstrand entlang und blickte über das friedliche Land. Von der See, die sich weiter erstreckte, als das Auge sehen konnte, blies eine salzige Brise. Die Rufe der Möwen und Schnepfen ertönten ringsum, während Daagoo seine Fußabdrücke im weichen Sand hinterließ.

Er hatte das Land der Sonne gefunden.

Er legte sich in den Sand, genoß die Wärme und fragte sich, ob er seine Reise fortsetzen sollte. Hier schien die Sonne warm vom Himmel, und das Meer versorgte ihn reichlich mit Nahrung. Dennoch beschloß Daagoo, weiterzuziehen. Dies war ein reiches Land, aber vielleicht erwartete ihn noch etwas Besseres. Er war noch immer von dem Drang besessen, zu sehen, was hinter dem Horizont lag.

Statt der Route auf seiner Karte zu folgen, die ins Landesinnere, zu der Stelle führte, wohin die anderen Gwich'in vor vielen Jahren gezogen waren, entschloß sich Daagoo, nahe der Küste zu bleiben. Eines Tages wurde ihm auf seiner Wanderung am Strand entlang plötzlich klar, wie weit er sich von seiner Sippe entfernt hatte. Es gab niemanden, der ihm helfen würde, wenn er verwundet wurde oder in Gefahr geriet. Wenn er hier den Tod fand, so würden allein die Vögel und die winzigen Meereskreaturen davon Notiz nehmen, die darauf warteten, sich an seinem Körper zu laben.

Die alte Weisheit der Gwich'in, die besagte, daß Menschen andere Menschen brauchen, um überleben zu können, kam ihm in den Sinn. Dort, Tausende von Meilen von Zuhause entfernt, begriff er zum ersten Mal die wahre Bedeutung dieser Lehre. Mit dem Gefühl großer Einsamkeit beschloß Daagoo, nur noch ein paar Tage damit zu verbringen, das Land zu erkunden. Dann würde er zu seiner Sippe zurückkehren.

Er drang noch weiter nach Süden vor und entdeckte wunderschöne Küstenstriche und Sandstrände. Die Meeresfrüchte, die er aß, hielten ihn gesund und die strahlende Sonne wärmte ihn und bräunte seine Haut. Er gewöhnte sich langsam an die leeren Strände, und mit jedem weiteren Tag, der verstrich, sträubte er sich mehr gegen den Gedanken, dieses Land wieder zu verlassen.

Monate vergingen, bis schließlich ein Tag kam, an dem es zu heiß wurde. Daagoo schwitzte und fühlte sich nicht wohl, und er dachte sehnsüchtig an das Land, wo Schnee fiel und Kälte herrschte. Und er dachte an seine Leute und fragte sich, wie es ihnen gehen mochte. Er betrachtete seine Karte und kam zu dem Schluß, daß er weit genug gelaufen war. Vor ihm erhoben sich Berge, die zu überqueren schwierig sein würde, und er vermißte seine Sippe und sein Heimatland. Daagoo gestand sich ein, daß seine Rastlosigkeit vergangen war, und er beschloß, am nächsten Tag den Rückweg einzuschlagen, um seinen Leuten vom Land der Sonne zu berichten.

In dieser Nacht, als Daagoo dalag und den Himmel betrachtete, hörte er jemanden weinen. Er lauschte. Das Weinen verstummte und begann dann erneut. Es klang wie das Weinen einer Frau, die Schmerzen erleidet.

Daagoo folgte dem Geräusch im Sternenlicht, das ihm den Weg vorbei an Bäumen und Gestrüpp wies. Jedesmal, wenn das Weinen verstummte, wartete er, bis es wieder begann. Schließlich war er sich sicher, daß eine Frau in der Nähe war. Sie mußte Daagoos Gegenwart gespürt haben, denn sie schwieg für eine lange Zeit. Der Morgen näherte sich, und Daagoo schlief ein, während er still darauf wartete, ob das Weinen wieder erklingen würde.

Er wachte auf von dem Geschrei eines Babys. Überrascht, wie nahe es war, spähte er hinter einem Busch hervor und erblickte eine junge Frau mit langem, fließendem schwarzem Haar, die ein neugeborenes Kind im Arm hielt, das in ein Stück Hirschhaut gewickelt war. Er fragte sich, was er tun sollte, denn offenbar hatte sie die ganze Nacht in den Wehen gelegen und das Kind gerade erst geboren. Er wollte ihr keine Angst einjagen.

Dann überraschte die Frau ihn, als sie mit scharfer Stimme in einer fremden Sprache etwas rief. Daagoo, der sich schuldig fühlte, weil er ihr nachspioniert hatte, erhob sich. Das Mädchen schnappte nach Luft, und er streckte zum Zeichen seiner friedlichen Absicht die Hände aus. Er wollte ihr zu verstehen geben, daß er ihr nichts tun würde. Sie starrte unter langen Wimpern zu ihm empor und bedeutete ihm, sich in ihre Nähe zu setzen.

Die Frau wiegte das Kind in ihren Armen. Daagoo erwiderte schüchtern ihren Blick. Er hatte noch nie eine Frau mit so langem und glänzendem Haar gesehen und einer Haut, die von der Sonne gebräunt war. Es tat ihm gut, wieder einmal einem anderen Menschen zu begegnen.

Aber als die Frau fortfuhr, ihn auf so seltsame Weise anzustarren, fühlte er sich zunehmend unbehaglich. Wegen der heißen Sonne trug er lediglich ein Stück Leder um die Taille gebunden. Sein Haar war lang geworden und er hatte es zu festen Zöpfen geflochten. Wie sonderbar er dieser Frau erscheinen mußte!

Ohne den Blick von ihm abzuwenden, befragte sie ihn in ihrer Sprache. Er hatte die Karte an seinem Schlafplatz liegenlassen, daher zeichnete er sie in den Sand und bediente sich der Gesten und Sprache der Gwich'in, um sein fernes Heimatland zu beschreiben. Er sprach davon, wie lange die Reise gedauert hatte, zeichnete einen Mond und deutete an den Himmel, dann auf Stellen auf der Karte, dann auf sich selbst und schließlich auf den Platz, wo er saß.

Die Frau lauschte andächtig, und ihre Augen wurden rund. Sie hätte ihm gern weitere Fragen gestellt, aber sie wußte, daß er sie nicht verstehen würde. Erschöpft von der Geburt, bedeutete sie Daagoo, näher zu kommen. Dann reichte sie ihm das Kind und legte sich auf den Boden, um zu schlafen.

Daagoo war überrascht, daß er plötzlich ein Neugeborenes hüten mußte. Die Frau erwachte kurz, um ihr Kind zu stillen und schlief dann wieder ein. Es war schon spät am Nachmittag, als sie sich endlich wieder rührte. Daagoo bedeutete ihr, daß er sich auf die Suche nach Nahrung machen würde, und reichte ihr das Kind zurück.

Er ging davon. Für einen Moment war er versucht, nicht zurückzukehren, aber etwas in ihm erlaubte es nicht, diese Frau ihrem Schicksal zu überlassen. Statt dessen fing er einen Fisch, kehrte zu seinem Schlafplatz zurück, um seine Habseligkeiten zusammenzusuchen, und machte sich auf den Rückweg zu der Frau, die gerade wieder ihr Kind stillte.

Daago errichtete ein kleines Gerüst aus Zweigen, setzte es über das Feuer und röstete den Fisch, während die Frau zusah. Die beiden Fremden teilten schweigend ihr Mahl. Später bedeutete sie ihm, in der Nähe auf dem Boden zu schlafen. In den folgenden Tagen beschaffte Daagoo immer wieder Nahrung, die sie dann miteinander teilten. Die Frau lächelte jedesmal, wenn er zurückkehrte.

Als sie ihre Kraft wiedergewonnen hatte, begann die Frau, für sie zu kochen. Bald schon paßte Daagoo auf das Kind auf, während die Frau sich auf die Suche nach eßbaren Pflanzen machte. Sie lernte, seinen Namen mit einem kaum merklichen Akzent auszusprechen. Daagoo dagegen gelang es nicht, ihren Namen richtig zu sagen, daher nannte er sie Sonnenschein in seiner eigenen Sprache.

Wenn er nicht unterwegs war, um Nahrung zu beschaffen, und sie nicht damit beschäftigt, ihr Kind zu stillen, fragte Daagoo Sonnenschein mit Gesten, wo ihre Sippe war, aber sie weigerte sich, ihm zu antworten. Jedesmal, wenn er fragte, blickte sie traurig zur Seite.

Eines Tages saß Daagoo, während er auf Sonnenscheins Rückkehr wartete, mit dem Baby im Arm da und antwortete auf die leisen, gurrenden Töne, die es von sich gab. Das war eine Sprache, die Daagoo verstand.

Plötzlich hörte er, daß sich ein großes Tier näherte. Er hätte das Baby beinahe fallen gelassen, als er aufblickte und Sonnenschein auf dem Rücken eines Tieres sitzen sah, das ihn an einen Elch erinnerte.

Im ersten Augenblick wäre Daagoo am liebsten davongelaufen, aber die Neugier brachte ihn dazu, sitzen zu bleiben. Das Tier wieherte laut und hob seine beiden Vorderfüße vom Boden. Daagoo erwartete, daß Sonnenschein zu Boden fallen würde, aber sie hielt sich an der Mähne des Tieres fest. Sie lächelte ihn ermutigend an, und Daagoo kam zu dem Schluß, daß sie eine Medizinfrau sein mußte, die Tiere beherrschen konnte. Er bewegte sich auf die Kreatur zu und trat sofort wieder einen Schritt zurück, als das Tier ihn anschnaubte. Da ergriff die Frau Daagoos Hand und zeigte ihm, wie er das prächtige Geschöpf berühren mußte.

Ein Schauer lief Daagoo den Rücken hinunter, als er seine Hände über das glatte braune Fell gleiten ließ. Er stellte Fragen in seiner Sprache, und Sonnenschein antwortete in der ihren. Keiner verstand die Worte des anderen, aber in der Aufregung spielte das überhaupt keine Rolle.

Sie ritten zusammen auf dem Rücken des Tieres

landeinwärts. Dort entdeckten die beiden eine
Höhle, die sie zu ihrem Zuhause machten. Sie jag-
ten Hirsche und kleinere Tiere, und Daagoo half
Sonnenschein dabei, die Häute zu gerben und das
Fleisch zu trocknen. Ihm wurde bewußt, daß er
nie die klare Entscheidung getroffen hatte, bei die-
ser Frau zu bleiben und ihr dabei zu helfen, für das
Kind zu sorgen. Dennoch verließ er sie nicht.

Sonnenschein wiederum spürte, daß sie diesem
Mann aus einem fernen Land half, indem sie ihn

Dinge lehrte und mit ihm auf die Jagd ging. Sie konnte nicht wirklich verstehen, was Daagoo hier tat. Vielleicht hatte er sich verlaufen oder war gezwungen gewesen, sein Heimatland zu verlassen. Sie hatte Mitleid mit ihm und erlaubte ihm, bei ihr zu bleiben und ihr zu helfen, für das Kind zu sorgen. Sie brauchten einander, um überleben zu können.

Mit der Zeit wurden diese beiden Menschen, die der Zufall zusammengeführt hatte, miteinander vertraut. Obwohl sie sich immer noch nur durch Gesten verständigen konnten, jagten und sammelten sie zusammen.

Daagoo verbrachte seine freie Zeit damit, das Pferd reiten zu lernen. Sonnenschein war eine geduldige Lehrerin, sie zeigte ihm, wie man auf- und abstieg, und wie er das Tier dazu bringen konnte, vorwärts zu laufen oder die Richtung zu wechseln. Viele Male, wenn Daagoo versuchte, das Tier zu besteigen, und wieder hinunterfiel, verzog sich ihr Gesicht zu einem breiten Lächeln, aber sie lachte niemals laut heraus, aus Angst, ihn zu beleidigen.

Doch langsam erlernte Daagoo diese Fertigkeit und ritt vorsichtig mit dem Pferd um ihr Lager herum. Jeden Morgen erwachte er in aller Frühe mit dem Vorsatz, es noch besser zu machen. Mit der Zeit war er in der Lage, mit wehendem Haar am Wasser entlangzureiten. Wenn er auf dem Pferd saß, fühlte sich Daagoo glücklicher, als er es sich jemals erträumt hatte.

Die Tage vergingen schnell, und bevor sie es so

recht bemerkt hatten, war ein Jahr vorüber. Langsam begannen Daagoo und Sonnenschein, die Sprache des anderen zu verstehen. Aus dem Säugling wurde ein kräftiger Junge, den Daagoo Dinjii Tsal nannte, was Kleiner Mann bedeutete. Sonnenschein akzeptierte den Namen für ihren Sohn, denn sie verstand, daß ein Name in ihrer Sprache für Daagoo nur schwer auszusprechen wäre. Viele Male stolperte er über Wörter, die sie ihm beizubringen versuchte.

Als Dinjii Tsal größer wurde, lernte er beide Sprachen und konnte seiner Mutter und Daagoo helfen, sich zu verständigen. Dinjii Tsal war ein neugieriger Junge, und er stellte Daagoo viele Fragen über sein fernes Heimatland. Genausowenig, wie Daagoo sich einmal hatte vorstellen können, daß ein Land existierte, wo immer die Sonne schien, wollte Dinjii Tsal kaum glauben, daß es hoch im Norden ein Schneeland gab.

»Eis und Schnee sind sehr kalt«, erklärte Daagoo. »Du mußt Tierhäute und Pelze tragen, um dich warm zu halten. Es ist nicht wie hier, im Land der Sonne, wo du nur ein Stück Leder und Mokassins am Körper hast.«

Sonnenschein beobachtete, wie ihr Sohn mit Daagoo lachte und redete. Sie verstand nun, daß Daagoo seine Sippe verlassen hatte, um das Land der Sonne zu finden. Sie konnte sich schwerlich das harsche Land vorstellen, das er als seine Heimat beschrieb. Wie gelang es Menschen, an einem

Ort zu überleben, wo die Sommerwärme nur drei Monate dauerte? Sie glaubte, in einem solchen Land nicht leben zu können.

Sonnenschein beantwortete Daagoo all seine Fragen, und so erfuhr er, warum er auf seinem Weg entlang der Küste Richtung Süden keinem Menschen begegnet war. Einige Jahre zuvor hatte eine riesige Welle alle Dörfer nahe dem Meer zerstört. Dieses Land konnte trotz all seiner Schönheit für diejenigen, die dort lebten, tückisch sein, und viele Stämme waren ins Landesinnere gezogen, wo die Erde ruhiger war.

Sonnenschein erzählte Daagoo von ihrer Sippe, die weiter im Süden nahe der Küste lebte. Es war ein starker, unabhängiger Stamm, der viele Feinde hatte. Im Laufe der Jahrhunderte waren sie immer wieder von kriegerischen Stämmen bedroht worden, aber ihre Leute hatten nie aufgegeben.

Sie beschrieb, wie sie von einer Gruppe Plünderer gefangengenommen worden war und wie sie es geschafft hatte, zur rechten Zeit zu fliehen, um hier ihren Sohn zu gebären. Sie konnte niemals zu ihrem Stamm zurückkehren, denn ihre Sippe hätte das Kind getötet, da es von einem Feind gezeugt worden war. Und sie würde es nicht ertragen, Dinjii Tsal zu verlieren.

Obwohl er sich einst geschworen hatte, niemals eine Familie zu haben, konnte sich Daagoo sein Leben ohne sie nun nicht mehr vorstellen. Er verspürte ein Glücksgefühl, wie er es niemals zuvor gekannt hatte. Sonnenschein war noch jung gewesen, als der kriegerische Stamm sie entführt hatte, und nach den brutalen Mißhandlungen war ihr eine tief verwurzelte Angst und ein großes Mißtrauen gegenüber Männern geblieben. Aber die Zeit heilte auch diese Wunden, und ihre Zuneigung zu Daagoo wuchs langsam, aber stetig. Er war wie ein Vater zu ihrem Sohn, lehrte ihn, das Pferd zu reiten und zu fischen. Jeden Abend erzählte er Geschichten über das Schneeland, bis der kleine Junge zufrieden einschlief.

Als Dinjii Tsal älter wurde, kamen sich Daagoo und Sonnenschein noch näher. Eines Nachts vollzogen sie einfach und ruhig die Liebe, die sie füreinander empfanden.

Monate später teilte Sonnenschein Daagoo mit, daß sie wieder ein Kind erwarte. Obwohl sie zu einer starken Frau erzogen worden war, achteten Daagoo und Dinjii Tsal darauf, daß Sonnenschein sich nicht zu sehr anstrengte. Als die Zeit für die Geburt gekommen war, erklärte Sonnenschein, daß sie allein gehen würde. Daagoo sträubte sich dagegen, aber sie machte ihm klar, daß dies die Art und Weise war, wie Frauen es für gewöhnlich taten. Doch nachdem sie fort war, sorgten sich Daagoo und Dinjii Tsal sehr um sie.

Spät am Abend, lange, nachdem Dinjii Tsal eingeschlafen war, kam Sonnenschein langsam mit einem kleinen Bündel im Arm ins Lager zurück. Daagoo eilte mit zitternden Knien auf sie zu. Sie lächelte ihn an und reichte ihm das Bündel. Als er die Falten auseinanderschlug, erblickte er seinen eigenen Sohn, ein kleines, rotes Geschöpf, das sich wand und an seinen winzigen Fingern lutschte. Ein Schauer lief Daagoo den Rücken hinunter, und er verspürte eine überwältigende Liebe für dieses winzige Kind.

Sonnenschein und Daagoo nannten ihren Sohn Ch'izhin Tsal, nach Daagoos Vater. Dinjii Tsal war stolz, ein älterer Bruder zu sein, und half dabei, auf das Baby aufzupassen und es zu unterrichten.

Es folgten einige gute Jahre für Daagoo, und seine Familie wuchs. Sonnenschein gebar einen weiteren Jungen und dann ein Mädchen. Um seine Familie ausreichend ernähren zu können, gab sich Daagoo große Mühe, die Eigenheiten des Landes genau kennenzulernen, und er legte auf seiner Suche nach Nahrung weite Strecken zurück.

Eines Tages, als Daagoo auf der Jagd nach Wild war, entdeckte er Tierspuren, die denen seines Pferdes ähnelten. Er folgte den Spuren, bis er den Rauch eines Lagerfeuers sah. Er band sein eigenes Pferd an, schlich zu Fuß auf das Lager zu und versteckte sich hinter einem Busch. Von dort aus erblickte Daagoo Männer, deren Haare und Haut so dunkel waren wie die seinen, aber sie waren in feingewebte Stoffe gekleidet und trugen Schuhe, die seinen Mokassins in keiner Weise ähnelten.

Daggoo eilte zum Lager zurück, um Sonnenschein zu berichten, was er gesehen hatte. Ein entsetzter Ausdruck erschien auf ihrem Gesicht. »Wir müssen weg von hier!« erklärte sie. »Diese Männer werden uns umbringen, wenn sie uns finden.«

An diesem Tag zogen sie näher zum Meer, denn Daagoo hoffte, daß sie dort sicher sein würden. Er brachte seinen Söhnen bei, Meeresfische zu fangen und Muscheln zu suchen. Aber kurze Zeit später, als Dinjii Tsal gerade zehn Jahre alt geworden war, entdeckte Daagoo weitere Fremde in der Gegend. Er suchte hinter den Bergen nach einem anderen Platz für seine Familie, an dem sie sich ein Heim schaffen konnten. Endlich fand er eine abgelegene Gegend, wo sie ausreichend Nahrung finden würden. Aber als er zum Lager seiner Familie zurückkehrte, erzitterte er beim Anblick des schwarzen Rauchs, der in den klaren Himmel aufstieg.

Sein Herz füllte sich mit großer Angst, und er trieb sein Pferd voran. Die schlimmsten Befürchtungen wurden wahr. Seine Familie lag niedergemetzelt am Boden. Sonnenschein, die nur Stunden zuvor noch voller Leben gewesen war, lag bewegungslos im Sand. Rauch stieg von ihrem verbrannten Körper auf. Die Kinder waren mit Messern ermordet und ihre kleinen Körper in Stücke geschnitten worden, die über den Strand verteilt lagen.

Daagoo fiel auf die Knie und erbrach sich in den Sand. Das verbrannte Fleisch seiner Frau verströmte einen furchtbaren Gestank. Als er sich wieder bewegen konnte, versuchte er, Sonnenscheins Körper zu berühren, aber er schwelte immer noch.

Als Daagoo sich umsah und die vielen Pferdespuren erblickte, die nach Süden führten, überkam ihn unbändige Wut. Er würde diese Feiglinge finden und seine Familie rächen.

Daagoos Kummer fand keine Erleichterung, als er sich wie betäubt von Schmerz daran machte, Holz zu sammeln und ein großes Feuer zu entzünden, auf dem er die toten Körper seiner geliebten Familie verbrannte. Dann setzte er sich auf den Boden und weinte.

Während er trauerte, führte ihn seine Erinnerung zurück in die Zeit, als die drei Gwich'in-Brüder die Habseligkeiten ihrer Schwester, Vogelmädchen, gefunden hatten. Nun verstand er ihre Verzweiflung, als sie entdeckt hatten, daß sie entführt worden war. Daagoo kam zu dem Schluß, daß es ihm gleichgültig war, ob die Feiglinge, die seine Familie zerstört hatten, auch ihn ermorden würden. Ohne seine Familie hatte sein Leben keine Bedeutung mehr.

Er schob seinen Kummer beiseite und folgte den Pferdespuren, bis es dunkelte. Dann wartete er auf den Sonnenaufgang. Ein Sturm erhob sich, der den Sand hoch in die Luft blies und es unmöglich machte, zu erkennen, wann das Tageslicht kam. Dieser Sandsturm dauerte mehrere Tage. Als er vorüber war, waren die Spuren im Sand ausgelöscht. Daagoo befürchtete, daß er die Männer, die seine Familie getötet hatten, niemals finden würde.

Während er noch dastand und sich fragte, was

er tun sollte, vernahm Daagoo Stimmen. Bevor er sich verstecken konnte, war er auch schon von Männern, die sich auf Pferden näherten, entdeckt worden. Sie schlossen einen Kreis um ihn. Ein Mann stellte Daagoo mit scharfer Stimme Fragen, in einer Sprache, die er nicht verstand. Er vermutete, daß diese Männer seine Familie getötet hatten, und hielt seinen Speer in die Höhe, um zu kämpfen. Die Männer waren für einen Augenblick überrascht und begannen dann zu lachen. Plötzlich schlug etwas Schweres gegen Daagoos Schädel und ihm wurde schwarz vor Augen.

Als er aufwachte, war er allein. Er lag auf dem Rücken, konnte sich aber nicht bewegen. Seine Hände und Füße waren mit Lederriemen an Pflöcken gefesselt, die tief in den Boden gerammt waren. Er bemühte sich freizukommen, aber die Riemen schnitten in seine Handgelenke. Sein Kopf klopfte vor Schmerz.

Daagoo bedauerte, daß er Sonnenschein nicht besser zugehört hatte, als sie ihn vor dem kriegerischen Stamm warnte, der durch das Land zog und alles zerstörte, was ihm in den Weg kam. Er war solchen Männern noch nie begegnet. Sie waren durch und durch böse, und es war ihnen vollkommen gleichgültig, wen sie ermordeten. Selbst die Ch'eekwaii töteten nur ihre Feinde, diese Männer aber töteten offenbar aus Lust. Er konnte es nicht begreifen und wartete darauf, daß sie zurückkommen und ihn umbringen würden.

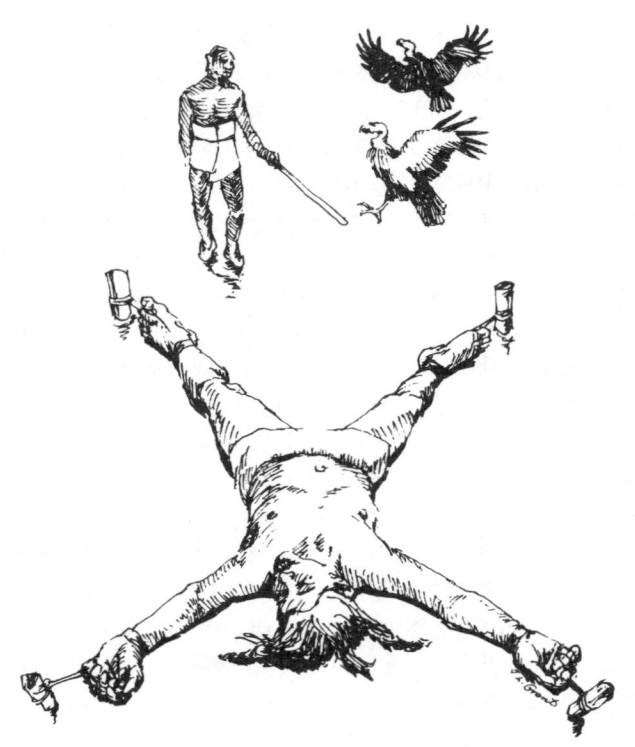

Stunden wurden zu Tagen, aber niemand tauchte auf. Daagoo begriff, daß die Krieger ihn hiergelassen hatten, damit er an Hunger und Durst stürbe. Die Sonne, nach der er sich immer gesehnt hatte, strahlte nun gnadenlos auf ihn herab.

Schon halb betäubt sah Daagoo große Vögel, die über ihm am Himmel kreisten. Er kannte sie nicht, aber oben, im kalten Norden, gab es ähnliche Raubvögel. Er wußte, daß diese Tiere schon bald beginnen würden, an seinem Fleisch zu pikken. Seine Feinde hatten einen langsamen, qualvollen Tod für ihn gewählt.

Im Delirium hatte Daagoo viele Visionen. Er sah Sonnenschein lächelnd an sich vorbeilaufen. Und er stemmte sich mit dem bißchen Kraft, das ihm noch geblieben war, gegen seine Fesseln und versuchte, ihr nachzulaufen, aber sie verschwand wieder. Seine Kinder spielten in der Nähe, lachten und riefen seinen Namen, aber als er ihnen zurief, daß sie vor den bösen Männern davonlaufen sollten, hörten sie nicht auf ihn. Sein Vater blickte ihn schweigend an, und seine Mutter weinte. Dann erschien die verlorene Schwester, das Vogelmädchen, und weinte um die toten Kinder.

Manchmal erwachte Daagoo und stellte fest, daß sich nichts geändert hatte. Nur die Vögel schwebten nicht mehr am Himmel, sondern saßen nun ganz in seiner Nähe auf dem Boden. Er versuchte, ihnen zu zeigen, daß er noch am Leben war, aber sein Körper wollte sich einfach nicht bewegen. Er wollte schreien, aber seine Zunge war zu trocken, und seine geschwollene Kehle brannte vor Schmerz. Erschöpft fiel er erneut in einen seiner unwirklichen Träume.

Dann plötzlich vernahm er eine wütende Stimme. Ein alter Mann brüllte die Vögel an, und die krächzten und schrien zurück. Daagoo versuchte, seine Augen auf den Mann zu richten, aber das Bild verschwamm, und er verlor das Bewußtsein.

KAPITEL 15

Rache

Zehn Jahre vergingen nach der Geburt von Vogelmädchens Sohn, der von Turak und Akpa aufgezogen wurde. Sie hatten ihm den Ch'eekwaii-Namen Kanuk gegeben. In all den Jahren sah Akpa Vogelmädchen nicht ein einziges Mal in die Augen. Wenn die beiden sich trafen, senkte Akpa den Blick und ging in eine andere Richtung, um der Gwich'in auszuweichen.

Turak dagegen ließ Vogelmädchen wissen, daß er sie nicht vergessen hatte. Immer wieder fiel ihm etwas ein, womit er sie demütigen konnte. Manchmal, wenn sie gerade aß, nahm er ihr das Essen weg und warf es den Hunden hin. Wenn er sah, daß sie eine schwere Last trug, brachte er sie zu Fall, und die anderen Ch'eekwaii lachten. Vogelmädchen wehrte sich nie, sprach nie ein Wort und bemühte sich nur, sich von ihm fernzuhalten.

Vogelmädchen lebte immer noch in Ukpiks Hütte und arbeitete für die alte Frau und die wenigen anderen im Lager, die ihr erlaubten, sich ihnen zu nähern. Da die geschäftige Alte ihre einzige Gesellschaft war, bemühte sich Vogelmädchen, ihre Tage ebenfalls mit irgendwelchen Arbeiten zu verbringen, um ihren Verstand und ihren Körper rege zu halten. Aber während die Jahreszeiten kamen und vergingen, mußte sie mit zunehmender Bitterkeit und Eifersucht zusehen, wie ihr Sohn von einer anderen Frau großgezogen wurde.

Kanuk wuchs zu einem kräftigen Jungen heran, mit der Stärke seiner Gwich'in-Mutter und dem schwarzen Haar seines Ch'eekwaii-Vaters. Seine braune Haut glänzte in einem hübschen Gesicht mit rosigen Wangen. Wenn Vogelmädchen beobachtete, wie er mit anderen Kinder über die Tundra lief oder mit ihnen rang, dann erinnerte sie sich, wie frei und stark sie selbst als Kind gewesen war.

Ihr Sohn war der Grund, warum sie nicht zu fliehen versuchte. Seit Jahren träumte sie davon, ihm zu sagen, daß sie seine richtige Mutter war. Dann, eines Nachmittags, als sie ihn beim Spielen beobachtete, bemerkte Kanuk sie und hielt inne. Vogelmädchens Herz überschlug sich, aber der Junge drehte sich um und lief davon. Die Sehnsucht in ihren Augen hatte ihn erschreckt.

Später dann erkannte Vogelmädchen, wie sich die nervöse Aufmerksamkeit des Jungen in Verachtung und Abscheu verwandelte, und da wußte sie, daß Turak und die anderen Ch'eekwaii ihn anstifteten, sie zu hassen. Wenn er mit Freunden spielte, beteiligte sich Kanuk daran, sie zu verspotten und Kiesel nach ihr zu werfen. Wandte sie sich dann zu ihnen um, stürzten die Kinder lachend davon.

Als der Junge langsam groß und stark wurde, verhielt er sich genauso wie die anderen Kinder – er schien sich nichts aus ihr zu machen und nichts um ihr Schicksal zu geben. Er war ihr ebenso fremd wie Turak. Endlich ließ Vogelmädchen ihren Kummer los und versuchte, sich für ihren Sohn zu freuen, der unter diesen Leuten ein gutes Leben haben würde.

Während der Jahre, die sie bei den Ch'eekwaii verbrachte, lernte Vogelmädchen viel über deren Lebensweise. In den kurzen Sommermonaten jagten sie, trockneten Fisch, sammelten Pflanzen und Beeren, und lagerten die ganze Nahrung in riesigen, unterirdischen Höhlen. Im Herbst verlegten sie ihr Lager näher an die Berge, wo sie nach Karibus jagten. Während der langen Winter machten sich die Männer auf die Jagd nach Seehunden, Eisbären und Walrossen entlang des vereisten Meeres. Und im Frühling paddelten sie mit ihren Booten aufs Meer hinaus, um Wale zu jagen.

Jedes Jahr, wenn die Waljäger mit ihrer Beute zurückkehrten, fand ein großes Fest statt. Andere Ch'eekwaii kamen von weit her, um dabei zu helfen, die Wale zu schlachten – eine Arbeit, die länger als eine Woche dauerte. Wenn die Männer und Frauen zusammen das Fleisch aufschnitten und die kleinen Kinder Muktuk kauten – die mit Fett unterfütterte Walfischhaut –, dann wurden alle sehr ausgelassen. Die Frauen kochten und servierten riesige Mahlzeiten. Selbst Vogelmädchen fühlte sich besser, wenn alle geschäftig und fröhlich umherliefen. Für kurze Zeit wurde sie von den Ch'eekwaii beinahe akzeptiert, da sie dabei half, das Fleisch zu schneiden und in die Keller zu tragen.

Nachdem die schwere Arbeit beendet war, feierten die Ch'eekwaii mit Tanz und Gesang und Spielen und lachten über Geschichten, die sie einander erzählten. Vogelmädchen beobachtete sie still. Manchmal lehnte sie sich zurück und erinnerte sich an ihre eigene Sippe und an die Feste, an denen sie teilgenommen hatte. Aber sie erlaubte es sich nicht, in der Vergangenheit zu verharren, denn die Erinnerungen trieben ihr oft die Tränen in die Augen. Sie war überzeugt davon, daß sie niemals zurückkehren konnte. Ihre Sippe würde sie nicht mehr annehmen.

Von all den Spielen, die die Ch'eekwaii veranstalteten, sah Vogelmädchen am liebsten beim Deckenschleudern zu. Wie ihr eigenes Volk, so bevorzugten auch die Ch'eekwaii Spiele, bei denen sie sich in den Fertigkeiten üben konnten, die sie für die Jagd benötigten. Beim Deckenschleudern übten sie, als Gemeinschaft zusammenzuarbeiten. Starke Jäger packten die Ecken einer großen Decke, die aus mehreren, sorgsam zusammengenähten Walroßhäuten bestand, und zogen sie stramm. Dann kletterte ein behender Mann auf die Fläche und stellte sich genau in die Mitte. Die Jäger schleuderten ihn nun in einer gleichzeitigen Bewegung in die Luft, so daß er bis zum fernen Horizont schauen konnte. Dann landetete der Mann wieder fest auf seinen Füßen und wurde erneut in die Luft geschleudert, nur dieses Mal noch höher. Die Zuschauer feuerten ihre Lieblingsspringer begeistert an. Vogelmädchen schaute ihnen bewundernd zu und mußte sich manchmal davon abhalten, vor Begeisterung zu schreien.

Sie war auch von den Tänzen fasziniert. Die Männer versammelte sich, schlugen auf ihre Korbtrommeln, die mit stramm gezogenen Tierhäuten bespannt waren, und entlockten ihnen einen gleichmäßigen Rhythmus, zu dem sie einen lauten Gesang anstimmten. Vogelmädchen lief es kalt den Rücken hinunter, wenn sie sah, wie die Männer sich mit vollendeten Schritten bewegten und eins wurden, während unablässig der Schlag ihrer Trommeln ertönte. In solchen Momenten, wenn Vogelmädchen die Ch'eekwaii dabei beobachtete, wie sie ihre Jagdgeschichten tanzten, empfand sie sogar eine gewisse Bewunderung für sie.

Und dennoch geschah es, während eines dieser Walfeste, zehn Jahre nach der Geburt ihres Sohnes, daß Vogelmädchen die Ch'eekwaii unendlich zu hassen lernte. Mitten im Fest holten die Männer einen Ball hervor und begannen, ihn hin und her zu treten. Frauen und Kinder klatschten begeistert. Anfangs schien es nur ein unschuldiges Spiel zu sein, aber Vogelmädchen spürte, daß etwas nicht in Ordnung war. Als der Ball in ihre Nähe rollte, stellte sie zu ihrem Entsetzen fest, daß es sich um einen menschlichen Kopf handelte.

Vogelmädchen blickte erschrocken auf und sah, daß einige Männer sie erwartungsvoll beobachteten. Unter ihnen war Turak, der sich durch seine kräftige Gestalt von der Menge abhob und ihr geradewegs in die Augen schaute. Ein Lächeln umspielte seine Lippen. Noch einmal wurde der Ball in Vogelmädchens Richtung getreten. Dieses Mal rollte er so nahe an sie heran, daß sie das Gesicht erkennen konnte: Es war ihr ältester Bruder.

Vogelmädchen mußte all ihre innere Kraft zusammennehmen, um nicht vor Zorn und Verzweiflung laut aufzuschreien. Sie wollte nicht, daß sich irgendein Gefühl in ihrem Gesicht spiegelte. Einer der Spieler kam herbeigelaufen, trat den Kopf wieder zurück, und sie spielten weiter.

Gerade, als Vogelmädchen sich ein wenig beruhigt hatte, traten die Ch'eekwaii den Kopf ihres zweiten Bruders ins Spiel. Dieses Mal wäre sie beinahe zusammengebrochen. »Sie werden mich niemals weinen sehen!« schwor sie sich jedoch. Sie kämpfte sogar noch gegen ihren Schmerz an, als der Kopf ihres dritten Bruders ins Spiel gebracht wurde.

Vogelmädchen fragte sich nicht, wie ihre Brüder herausgefunden hatten, daß sie entführt worden war. Sie waren gekommen, um sie zu retten, und die Ch'eekwaii hatten sie getötet. Ihr Herz zerbrach und eine einzige Träne lief ihr die Wange hinunter, bevor sie es verhindern konnte.

»Warum weinst du?« erkundigte sich eine Che'eekwaii verschlagen.

Obwohl ihr der Kummer beinahe die Stimme nahm, antwortete sie leichthin: »Der Rauch vom Feuer kommt mir in die Augen.« Die Frau und andere Ch'eekwaii, die in der Nähe standen, lächelten.

Während Vogelmädchen zusehen mußte, wie die verstümmelten Köpfe ihrer Brüder hin und her getreten wurden, zerriß etwas in ihrem Inneren. Trotz all der Schmerzen, die sie erlitten hatte, hatte ein Teil von ihr sich immer noch an eine Hoffnung geklammert. Nun war auch dieser Teil zerstört und sie konnte geradezu spüren, wie eine schreckliche Macht von ihr Besitz ergriff.

Das Tageslicht verlosch. Die Ch'eekwaii verloren das Interesse an ihrem Spiel und zerstreuten sich. Aber Vogelmädchen rührte sich nicht. Sie saß stumm am Feuer, das noch einmal aufflackerte und dann erstarb.

Sie dachte an all das, was die Ch'eekwaii ihr angetan hatten – die Entführung, die Vergewaltigung, die Schläge, die Erniedrigungen. Sie hätte ihnen das alles vergeben können, denn Sklaven werden immer mißhandelt. Das verstand sie. Sie hätte ihnen sogar vergeben können, daß sie ihr die Möglichkeit genommen hatten, ihr Kind zu lieben, denn sie hatten es an ihrer Stelle geliebt.

Aber ihre Brüder zu töten und dann auf diese Weise damit zu prahlen, das war die schlimmste Beleidigung, die keine Steigerung mehr kannte. Sie würde lieber sterben, als ihnen das zu vergeben.

An diesem Abend wurde von ihr erwartet, daß sie die Spuren des Festes beseitigte. Die Leute vergaßen sie vollkommen, da sie so müde waren, daß sie sich sofort zum Schlafen in ihre Unterkünfte zurückzogen. Als alles ruhig war, ging Vogelmädchen wie in Trance durch das Lager und sammelte die Häute und Fellkleidung ein, die zum Trocknen über den Gerüsten hingen. Sie erlaubte sich nicht, nachzudenken. Statt dessen spürte sie, wie der Haß durch sie hindurchfloß, und sie gab sich ihm hin und ging weiter von Hütte zu Hütte und stopfte die Kleidungsstücke in die Abzugslöcher.

Ohne nachzudenken, lief sie an Ukpiks Behausung vorbei, ließ sie unberührt und ging auf die Hütte zu, in der Akpa, Kanuk und Turak schliefen. All der Zorn, den sie so lange unterdrückt hatte, stieg in ihr hoch, als sie die restlichen Häute in die Löcher stopfte, die Turaks Hütte Luft und Licht verschafften.

Danach kehrte Vogelmädchen zu Ukpiks Hütte zurück und trat leise ein. Für einen Moment blickte sie auf die alte Frau, die auf ihren Decken lag und fest schlief. Sie sah blaß und zerbrechlich aus. Vogelmädchen ging zu ihrer eigenen Schlafstätte hinüber und zog den Lederbeutel hervor, den sie vor langer Zeit, als sie noch von der

Flucht geträumt hatte, dort versteckt hatte. Sie
hängte sich den Beutel über die Schulter, trat aus
der Hütte und verließ das Lager der Ch'eekwaii.
Sie blickte sich nicht um. Statt dessen versuchte
sie sich an das zu erinnern, was sie auf der anderen Seite der in weiter Ferne liegenden Berge erwartete.

KAPITEL 16

Eine lange Heimreise

ls Daagoo erwachte, lag er in einer Höhle. Sein Körper war steif und schmerzte. Er versuchte, sich zu erinnern, wer ihn gerettet hatte. Wer immer es auch gewesen sein mochte, er mußte ganz in der Nähe sein, denn er hatte Fleisch zurückgelassen, das über einem Lagerfeuer röstete. Aber Daagoo sah niemanden. Er kroch zum Feuer hinüber und aß einige kleine Bissen von dem Fleisch. Dann brach er auf dem Boden der Höhle zusammen. All seine Kraft war verschwunden.

Am selben Abend, während Daagoo schlief, kehrte der alte Mann zurück. Er schürte sein Feuer, erhitzte das gebratene Fleisch und aß es. Dabei starrte er Daagoo an und überlegte, wer er sein mochte und zu welchem Stamm er wohl gehörte. Der alte Mann hoffte, daß sein Besucher nicht gewalttätig werden würde, wenn er erwachte. Er hatte schon viel durchlitten in seinem langen Leben, denn kriegerische Stämme waren eine ständige Bedrohung für seine Sippe gewesen. Nun, in seinen letzten Lebensjahren, sehnte er sich nur noch nach Frieden.

Als Daagoo spät in der Nacht aufwachte, war der alte Mann eingeschlafen. Im Licht des Feuers blickte Daagoo in das wettergegerbte Gesicht seines Retters. Der Alte bewegte sich im Schlaf und öffnete die Augen.

»Du bist also wach«, sagte der Mann in Sonnenscheins Sprache. »Ich war mir sicher, du würdest in die andere Welt hinübergehen.«

»Mein Name ist Daagoo«, erwiderte er in derselben Sprache.

Der Mann riß überrascht die Augen auf. »Du bist einer von uns?« fragte er.

»Ich komme von weit her. Meine Frau gehörte zu eurem Stamm«, erwiderte Daagoo. Schmerz schoß durch seine Glieder, als er versuchte, sich aufzusetzen. Er erzählte langsam seine Geschichte und bemühte sich, die schwierigen Worte richtig auszusprechen.

»Sie wurde vor vielen Jahren von Kriegern entführt. Nachdem ihr die Flucht gelungen war, gebar sie einen Sohn. Sie kehrte nicht zu ihrer Sippe zurück, da sie Angst hatte, daß man ihr Kind nicht annehmen würde. Ich blieb bei ihr. Wir hatten eigene Kinder. Die Krieger haben alle getötet.«

Daagoos Geschichte machte den alten Mann sehr traurig. »Ich kannte diese Frau«, sagte er. »Sie war noch ein Mädchen, als sie sie raubten. Wir haben überall nach ihr gesucht, aber wir konnten sie nicht finden. Ich bin froh zu hören, daß sie mit dir Glück gefunden hat. Ich werde es ihren Leuten sagen, dann wird in die Erinnerung an sie endlich Ruhe einkehren können.«

In den folgenden Tagen kam Daagoos Kraft langsam zurück. Einige Wunden in seinem Gesicht und an seinen Händen, wo die Vögel ihm die Haut aufgerissen hatten, behandelte der alte Mann mit einer Salbe aus Heilpflanzen. Das half, die Wunden zu schließen und den Schmerz erträglicher zu machen.

Aber andere Wunden heilten nicht so leicht. Daagoo wurde von bitteren Erinnerungen geplagt, und er sprach mit dem alten Mann über seinen Kummer.

»Was wirst du nun tun?« erkundigte sich der Alte eines Tages, während Daagoo ihm zusah, wie er Fisch zum Trocknen übers Feuer hing.

Daagoo konnte den Gedanken an Rache nicht vergessen. »Ich werde diese Männer töten«, erwiderte er.

Der alte Mann blickte Daagoo lange Zeit an. »Es macht keinen Sinn, deine Familie zu rächen«, sagte er schließlich. »Sie ist bereits sicher in der anderen Welt. Wenn du diese Männer noch einmal verfolgst, werden sie dich dieses Mal bestimmt töten.«

Daagoo erwiderte nichts darauf.

»Geh zurück zu deinen Leuten«, bat ihn der

Alte. »Du hast die Sonne gefunden und Glück erfahren, aber nun bist du leer. Du mußt in dein eigenes Land zurückkehren und dich wieder füllen. Geh zurück zu denen, die dich lieben. Deine Mutter wird bestimmt auf dich warten.«

Daagoo erwiderte immer noch nichts. Der alte Mann redete nicht weiter auf ihn ein, denn er wußte, daß Daagoo seine eigene Entscheidung treffen würde. Als der alte Mann es eines Tages leid war, allein zu jagen, und beschloß, zu seiner Sippe zurückzukehren, lud er Daagoo ein, mit ihm zu kommen. Doch Daagoo lehnte ab.

»Ich hoffe, daß du dein verrücktes Verlangen nach Rache überwunden hast«, sagte der Alte. »Du bist ein guter Mann. Komm mit und schließ dich meiner Sippe an oder geh zurück, woher du gekommen bist. Du darfst diesen bösen Erinnerungen nicht erlauben, daß sie dich zerstören.«

»Ich werde weiterziehen«, entgegnete Daagoo vage. Er brauchte Zeit, um zu entscheiden, was er tun sollte.

Der alte Mann hatte Sonnenscheins Pferd gefunden und übergab es Daagoo beladen mit Fleisch. Daagoo verabschiedete sich von seinem Retter und machte sich auf den Weg Richtung Norden. Noch ein letztes Mal kehrte er an den Ort zurück, wo er seine Familie verbrannt hatte. Und bevor er den Mut wieder verlor, schlug er den Weg ein, der ihn in sein Heimatland zurückführen würde.

Wochen wurden zu Monaten, und Daagoo ritt auf seinem Pferd immer weiter nach Norden. Als das Wetter kühler wurde, ritt er in die Berge. Eines Morgens rutschte das Tier auf einem losen Stein aus und stürzte. Reiter und Pferd rutschten den felsigen Abhang hinunter. Daagoo gelang es, sich an einem Gestrüpp festzuklammern, aber das Pferd stürzte hinunter bis ins Tal. Daagoo kletterte langsam zu der Stelle hinab, wo das Tier lag. Es hatte sich zwei Fesseln gebrochen.

Daagoo betrachtete es traurig. Dies war das Tier, auf dem Sonnenschein ihm das Reiten beigebracht hatte. Wenn er es tötete, bedeutete das, die letzte Spur von ihr hinter sich zu lassen. Aber Daagoo konnte sehen, wie sehr das Pferd deshalb litt, und deshalb zog er sein Messer und durchtrennte mit einem schnellen Schnitt die lebenswichtigen Adern am Hals.

Der Verlust des Tieres machte ihn traurig, aber Daagoo blieb nichts anderes übrig, als seine Reise fortzusetzen. Nachdem er mehrere Monate gewandert war, traf er auf eine Gruppe von Jägern, in denen er die Tlingits wiedererkannte, die stolzen Menschen, bei denen er einst ein Lied gegen Nahrung eingetauscht hatte.

Daagoo zögerte. Er war sich nicht sicher, wie er sich ihnen nähern sollte. Würden sie sich an ihn erinnern? Schon war er von bewaffneten Männern umstellt. Daagoo hielt seine Hände und seine Karte mit dem Plan zum Zeichen der Aufgabe in die Höhe. Einer der Männer sprach zu den anderen und sie lächelten. Sie erinnerten sich an Daagoo, den Reisenden, der sich in den Süden aufgemacht hatte, um der Sonne zu folgen.

Die Männer nahmen ihn mit in ihr Dorf, wo ihn der neue Häuptling wie einen alten Freund begrüßte. Viele Tlingits luden Daagoo in ihre Hütten ein und teilten ihr Essen mit ihm, begierig, seine Geschichten zu hören. Daagoo verstand die Sprache der Tlingits immer noch nicht, aber er benutzte Gesten und Gwich'in-Worte, mit denen es ihm gelang, all das, was er erlebt hatte, weiterzugeben. Er erzählte ihnen von dem Pferd, das er geritten hatte, dem Blick über das große Wasser, von Sandstränden, die von der Sonne heiß wurden. Seine Zuhörer lauschten voller Staunen.

Solange Daagoo bei den Tlingits blieb, jagte er Hirsche, gerbte die Felle und fertigte sich daraus warme Kleidung an. Der Winter stand bevor, und er mußte weiterziehen. Bis er seinen Weg in den Norden gefunden hatte, würden die Seen hart genug gefroren sein, daß er sie überqueren konnte.

Daagoo verabschiedete sich erneut von den Menschen, die ihm wieder geholfen hatten. Er würde sie niemals wiedersehen, aber in seiner Erinnerung waren sie lebendig, so wie er in ihren Legenden lebendig blieb.

Daagoo erreichte das Gebiet der Gwich'in im späten Herbst. Er erwartete, in der Nähe der Pfade auf Jäger zu treffen, aber er entdeckte niemanden.

Nachdem er einen Elch erlegt hatte, rastete er eine Weile, um das Fleisch zu trocknen und einen Teil des Fells zu gerben. Den Rest schnitt er in Streifen, die er später für seine Schneeschuhe gebrauchen konnte. Die Flüsse waren noch nicht zugefroren, und Daagoo erwog, sich ein Kanu zu bauen, um schneller voranzukommen. Doch statt dessen wanderte er an den vertrauten Ufern des Yuukon entlang. Die Herbstfarben verwandelten sich von Gold zu Braun, und Daagoo wußte, daß der erste Schnee nicht mehr lange auf sich warten lassen würde.

Er erlebte den Wechsel der Jahreszeiten, sah, wie die Blätter von den Bäumen geweht wurden, auch noch als der Schnee fiel. Dann kam die bittere Kälte, und das Eis breitete sich entlang der Flußufer aus und wurde hart. Obwohl ihn der warme Süden verweichlicht hatte, war Daagoo entschlossen, sich nicht besiegen zu lassen. Mit der Zeit würde er sich schon wieder an dieses Land gewöhnen. Die Schneeschuhe, die er angefertigt hatte, waren nicht so fest wie die, die einst von seinem Vater gemacht worden waren, aber sie waren gut genug, um ihn über den tiefer werdenden Schnee zu tragen.

Als er sich der Gegend näherte, wo seine Sippe für gewöhnlich eines ihrer Winterlager aufschlug, entdeckte er Zeichen menschlichen Lebens, und plötzlich fragte er sich, ob es vielleicht ein Fehler gewesen war, zurückzukehren. Ob seine Mutter noch am Leben war? Ob ihn alle vergessen hatten? Hätte er besser im Land der Sonne bleiben sollen?

Er fühlte sich wie ein Fremder in dieser Welt, in der er geboren worden war. Vielleicht war seine lange Reise umsonst gewesen.

Die Erinnerungen an Sonnenschein und die Kinder quälten ihn immer noch, und der Kummer, den er über ihren Tod empfand, ließ ihn zweifeln, ob jemals wieder etwas wirklich von Bedeutung für ihn sein konnte.

KAPITEL 17

Wieder vereint

Als er sich dem Lager der Gwich'in näherte, erinnerte sich Daagoo an die Worte seiner Mutter, die sie vor langer Zeit gesprochen hatte. »Wir müssen Vertrauen in die Zukunft haben«, hatten sie gelautet. All die Frauen, deren Männer und Söhne getötet worden waren, hatten ihr zugestimmt, denn sie wußten, daß sie ohne dieses Vertrauen nicht weiterleben konnten.

»Ich muß Vertrauen in meine Zukunft haben«, sagte sich Daagoo nun.

Die Gwich'in, die immer aufmerksam nach Gefahren Ausschau hielten, bemerkten ihn schnell. Kräftige Männer traten schützend vor, als er auf das Lager zuschritt, und Kinder und Frauen sahen aus ihren mit Karibuhäuten bedeckten Behausungen hervor. Daagoos Augen suchten nach einem vertrauten Gesicht, aber er konnte keins entdecken.

»Bleib stehen!« befahl der Häuptling und Daagoo erstarrte. »Wer bist du, und was willst du?«

»Ich bin Daagoo«, erwiderte er zögernd. Es kam

ihm seltsam vor, wieder in seiner eigener Sprache zu reden. »Ich wurde in diesem Land geboren. Vor vielen Jahren bin ich fortgezogen, um das Land der Sonne zu suchen.«

Die Männer unterhielten sich leise. Dann trat der Häuptling vor. »Komm mit in meine Unterkunft und erzähle mir von dir«, forderte er ihn auf.

Alle Augen ruhten auf Daagoo, als er zu dem Zelt hinüberging. Er kam sich vor wie ein Fremder aus einer anderen Welt. Sie setzten sich, und der Häuptling reichte Daagoo eine Schüssel mit Fischsuppe, eine höfliche Geste, die die Gwich'in all ihren Besuchern zukommen ließen. »Du sagst, daß du dieses Land verlassen hast, um ins Land der Sonne zu gelangen?«

Daagoo nahm die Schüssel entgegen und nickte. Nachdem er die Suppe getrunken hatte, beendete Daagoo das Schweigen, indem er den Männern von seiner langen Reise erzählte. Gebannt lauschten sie seiner Beschreibung der weitentfernten Stämme, der mächtigen Tiere, die Menschen auf ihrem Rücken trugen, und des Landes, in dem kein Schnee lag und die Sonne das ganze Jahr über schien, und wo ein Fluß durchs Land zog, der so breit war, das man das Ufer auf der anderen Seite nicht sehen konnte.

Als Daagoo geendet hatte, starrten die Männer ihn an. Ihr Anführer sprach. »Wir haben von dir gehört. Niemand hat geglaubt, daß du jemals zurückkehren würdest.«

Daagoo erkundigte sich, ob dies dieselbe Sippe sei, die er damals zurückgelassen hatte.

»Nein«, erwiderte der Anführer, »aber viele Angehörige anderer Sippen haben sich uns angeschlossen. Warum fragst du?«

»Als ich fortging, habe ich meine Mutter und die übrigen Mitglieder der Sippe hier zurückgelassen. Ich weiß nicht, ob sie noch am Leben ist«, erwiderte Daagoo.

Er nannte dem Häuptling den Namen seiner Mutter, aber der Mann erinnerte sich nicht an sie. »Schau dich um und sieh nach, ob du jemanden findest, den du kennst«, schlug er vor.

In dieser Nacht schlief Daagoo im Zelt des Häuptlings, und am Morgen ging er zu den Leuten und stellte sich ihnen vor. Sie waren freundlich und neugierig und begierig darauf, mit ihm zu reden, aber er erkannte keinen von ihnen. Niemand konnte ihm etwas über die Menschen erzählen, die er zurückgelassen hatte.

Obwohl dies offensichtlich nicht seine Sippe war, lud der Anführer, dessen Name Vasdik war, Daagoo ein, den Winter über bei ihnen zu bleiben. Daagoo nahm das Angebot dankbar an, denn er wußte, daß bald das kalte Wetter kam und es schwer sein würde, allein zu überleben. Er verbrachte den Winter damit, sich beinahe vergessene Fertigkeiten wieder anzueignen und sich die Eigenheiten seines rauhen Heimatlandes in Erinnerung zu rufen. Daagoo dachte viele Male sehnsüchtig an das Land der Sonne, wo er mühelos von Fisch und Muscheln hatte leben können. Hier mußte er auf der Suche nach Wild immer lange Strecken zurücklegen.

Jeden Abend, nachdem sie ihr Mahl eingenommen hatten, stellten die Leute Daagoo Fragen über das Land der Sonne. Immer wieder wollten sie etwas über den Sand, die warme Sonne, Frau und Kinder, die Krieger und das Pferd hören. Sie stellten sich nur zu gerne vor, wie es wäre, ein starkes, anmutiges Tier zu reiten, mit dem man weite Strecken zurücklegen konnte.

Während Daagoo all diese Geschichten mit ihnen teilte – besonders die über Sonnenschein und ihre Kinder –, heilte sein Herz langsam. Nach einer Weile lachte er auch wieder herzlich über die Geschichten, die andere erzählten.

Vasdik war froh, Daagoo in seiner Sippe zu haben, denn er war ein guter Jäger. Gewöhnlich war es ein Fehler, Einzelgänger in die Gruppe aufzunehmen, da sie sich meist als faul entpuppten – und aus eben diesem Grund von ihrer Sippe ausgestoßen worden waren. Aber Daagoo war ein hart arbeitender Mann und verdiente sich den Respekt aller im Lager.

Eines Tages, als er gerade Vasdik und seine Familie besuchte, hörte Daagoo, wie die Frau des Häuptlings einem ihrer Söhne auftrug, einige Felle flußabwärts zu der verrückten Frau zu bringen, um sie von ihr gerben zu lassen.

»Wer ist diese verrückte Frau?« erkundigte sich Daagoo.

»Sie ist die Frau, die bei den Ch'eekwaii gelebt hat«, erwiderte die Frau schüchtern.

Daagoo erhob sich aufgeregt. »Wie ist ihr Name?« fragte er.

Der Häuptling und seine Frau zuckten beide die Schultern.

»Jeder nennt sie nur ›Verrückte Frau‹«, erwiderte Vasdik. »Wir haben sie vor einigen Jahren aufgenommen. Ein altes Paar unserer Sippe hat sie entdeckt. Sie spähte hinter einem Busch hervor und gebrauchte Vogellaute, um auf sich aufmerksam zu machen. Die beiden wurden neugierig und lockten sie aus ihrem Versteck hervor. Als sie die Geschichte der Frau hörten, bekamen sie Mitleid und erlaubten ihr, heimlich bei ihnen zu wohnen.

Mein Vater, der damals Häuptling unserer Sippe war, hörte, daß die Kinder über eine seltsame Frau redeten, die bei dem Paar lebte. Er fand sie in ihrem Zelt und überredete sie, auch ihm ihre Geschichte zu erzählen.«

»Was war ihr denn passiert?« fragte Daagoo.

»Sie erzählte, sie sei von den Ch'eekwaii entführt und viele Jahre als Sklavin gehalten worden«, erwiderte Vasdik.

»Als ihre Brüder versuchten, sie zu retten, wurden sie von den Ch'eekwaii umgebracht. Aus Rache tötete die Frau alle Ch'eekwaii, indem sie sie mit ihrem eigenen Rauch in ihren Hütten erstickte.«

Der Häuptling fuhr fort: »Nachdem sie uns ihre Geschichte erzählt hatte, ging sie fort, um ihre Eltern zu suchen, von denen sie glaubte, daß sie noch am Leben seien. Sie war viele Wochen fort, und als sie zurückkehrte, schwieg sie. Seither lebt sie für sich.

Sie wohnt jetzt ein Stück flußabwärts von hier. Wir helfen ihr, wenn sie unsere Hilfe braucht, aber die meiste Zeit folgt sie uns nur und versorgt sich selbst. Sie beherrscht alle Fertigkeiten, die in diesem Land zum Überleben nötig sind.«

Daagoo sagte, daß er die Frau besuchen wolle.

»Das kannst du versuchen, aber sie mag es nicht, wenn andere sie belästigen«, entgegnete der Häuptling. »Manchmal, wenn wir uns ihr nähern, schreit sie uns an, daß wir verschwinden sollen. Deshalb nennen wir sie Verrückte Frau. Sie verbringt zuviel Zeit allein.«

Daagoo nickte. »Ich werde vorsichtig sein. Aber es hört sich an, als sei sie jemand, den ich einmal gekannt habe.«

Der Anführer sah Daagoo nach, als er das Zelt verließ. Er verspürte Mitleid mit diesem Mann, der nicht nur seine Familie im Land der Sonne verloren hatte, sondern auch noch seine eigene Sippe in diesem Land. Zweifellos würde er den Rest seines Lebens damit verbringen, seine Leute zu suchen.

Daagoo eilte zu seinem Zelt, zog sich warm an und füllte einen Beutel mit Marderfell, das als kleines Geschenk für die Frau dienen sollte. Und er marschierte mehrere Stunden, um ihr Lager zu erreichen, das weit flußabwärts lag. Schon aus der Ferne sah er Rauch aus einem Zelt aufsteigen. Als er näher kam, trat die Frau aus ihrer Behausung. Selbst aus dieser Entfernung hatte sie ihn kommen hören.

»Was willst du?« fragte sie.

Er betrachtete sie genau. Obwohl viele Jahre vergangen waren, sah sie immer noch so aus, wie er sie in Erinnerung hatte.

»Vogelmädchen, ich bin Daagoo«, sagte er. »Ich kenne deinen Namen, denn wir haben uns vor vielen Jahren getroffen, als ich noch ein Junge war.«

»Mein Vater hat mich vor langer Zeit Vogelmädchen genannt«, erwiderte sie mit leiser, heiserer Stimme. »Nun trage ich den Namen Jutthunvaa', wie meine Mutter mich zuerst genannt hat.«

Dann schwieg sie. Daagoo wartete ab. Gerade, als er fürchtete, daß sie ihn davonjagen würde, bedeutete sie ihm, näher zu kommen.

Jutthunvaa' starrte den Mann an. Sie musterte ihn ganz genau und versuchte, sich an den ernsten Jungen zu erinnern, den sie einmal getroffen hatte, versuchte, ihn hinter diesem Gesicht mit der dunklen Haut und den tiefen Falten um den Mund zu erkennen.

»Du bist also dieser törichte kleine Junge, der lieber auf Erkundungen ging, als zu Hause zu bleiben und seiner Familie zu helfen?« sagte sie in ihrer direkten Art, an die Daagoo sich noch erinnerte.

Nun fiel ihm auch wieder ein, wie fasziniert er bei ihrem ersten Treffen von diesem seltsamen Mädchen, das wie ein Mann jagte, gewesen war. Sie war älter geworden, aber immer noch auffallend schön. Und in ihren unerschrockenen Augen entdeckte er keine Anzeichen von Verrücktheit. Die Augen, die ihn anschauten, waren klar und strahlten vor Neugierde und verhaltenem Humor.

Jutthunvaa' fühlte sich zunehmend unwohl unter Daagoos forschendem Blick, und ihr fiel ein, was die Angehörigen der Sippe über sie erzählten.

»Warum starrst du mich an?« fragte sie. »Haben sie dir gesagt, daß ich verrückt sei?«

Daagoo nickte kaum merklich, denn er wollte es nicht eingestehen.

Jutthunvaa' warf ihren Kopf zurück und lachte laut. »Seit ich ein kleines Mädchen war, haben mich die Leute für seltsam gehalten«, sagte sie. »Ich lebe so, wie ich will, und schon nennt man mich Verrückte Frau. Ich habe mich daran gewöhnt.«

Dann forderte sie: »Erzähle mir deine Geschichte. Wo bist du all die Jahre gewesen? Deine Mutter glaubte, du seist tot.«

»Du kennst meine Mutter?« fragte Daagoo überrascht.

»Komm in mein Zelt«, lud sie ihn ein. »Es gibt viel, worüber wir reden müssen.«

Es war ungewöhnlich für eine Frau, so selbstbewußt mit einem Mann zu reden, aber Daagoo hatte Verständnis für die, die anders waren. Er folgte Jutthunvaa' in ihre geräumige Unterkunft, wo Felle, Häute und Nähzubehör herumlagen. Sie räumte eine Stelle frei, wo er sich hinsetzen konnte, und bot ihm eine Schüssel aus Birkenrinde an, die mit Elchfleischsuppe gefüllt war.

»Hast du meine Mutter gesehen?« erkundigte er sich noch einmal.

»Ja«, erwiderte sie. »Als ich von den Ch'eekwaii zurückkehrte, hat mich diese Sippe hier aufgenommen. Aber ich ging wieder fort, um meine Familie zu suchen. Ich fand meine Sippe und erfuhr, wie sie deine Leute aufgenommen hatte, aber meine Eltern konnte ich nicht finden.

Alle waren überrascht, mich am Leben zu sehen. Ich verbrachte einige Zeit bei ihnen und lernte auch deine Mutter kennen. Sie war es, die mich beiseite nahm und mir die traurige Geschichte vom Tod meiner Eltern erzählte.

Sie sagte, daß meine Brüder viele Jahre nach mir gesucht hätten. Als sie von einer langen Reise nicht zurückkehrten, verloren meine Eltern die Hoffnung, jemals eines ihrer Kinder wiederzusehen. Sie wurden sehr traurig, und meine Mutter wurde krank und starb. Eines Tages im Winter ging mein Vater allein in die Kälte und Dunkelheit hinaus. Die Leute wußten, daß er sich das Leben nehmen würde und folgten ihm nicht.«

Jutthunvaa' schwieg für einen Moment, denn sie erinnerte sich an die Verzweiflung, die sie empfunden hatte, als sie begriff, daß sie allein auf dieser Welt war.

»Deine Mutter nahm mich auf, und wir wurden Freundinnen. Zuerst schien die Sippe froh zu sein, daß ich am Leben war, aber später taten sie fast so, als sei ich eine Ch'eekwaii. Sie stellten mir zu viele Fragen: Wie ich es fertiggebracht hatte, am Leben zu bleiben, wo doch meine Brüder getötet worden waren. Nach einer Weile wurde mir klar, daß sie mir niemals trauen würden, und daher beschloß ich, zu gehen.

Deine Mutter war unglücklich darüber, aber sie sah, wie die Leute mich behandelten. Ich wollte, daß sie mitging, aber sie sagte, daß sie zu ihren Leuten gehöre. Das war das letzte Mal, daß ich sie gesehen habe.«

»Glaubst du, daß die Sippe irgendwo hier in der Nähe ist?« erkundigte sich Daagoo.

Jutthunvaa' betrachtete ihn nachdenklich. »Das wirst du allein herausfinden müssen«, erwiderte sie.

An diesem Nachmittag erzählten sich Daagoo und Jutthunvaa' ihre Geschichten. Jutthunvaa' hatte bisher niemandem die ganze Wahrheit über ihre Jahre in der Gefangenschaft berichtet, aber beim Anblick dieses Gesichts aus der Vergangenheit erwachten ihre Erinnerungen, und sie erzählte Daagoo alles.

»Wie du weißt, wurde ich von den Ch'eekwaii gefangengenommen«, begann sie einfach. »Der Mann, der mich überwältigt hatte, benutzte mich als Sklavin und versuchte mit aller Kraft, mir weh zu tun. Ich blieb stark, selbst, als ich sein Kind gebar und er mir meinen Sohn stahl und ihn gegen mich aufwiegelte.«

Die Stimme versagte ihr. Tränen stiegen ihr in die Augen, als sie sich an das Gesicht ihres lange verstorbenen Sohnes erinnerte. Sie schwieg und rang um Fassung. Dann fuhr sie langsam fort, und Daagoo mußte sich anstrengen, ihre Worte zu verstehen.

»In den Händen dieses Mannes geschahen viele schreckliche Dinge mit mir, aber ich war stark. Ich habe niemals geweint. Ich wollte nicht zulassen, daß er sah, wie sehr er mich verletzte.

Nach vielen Jahren fanden meine Brüder endlich das Lager, in dem ich lebte, und versuchten, mich zu retten. Die Ch'eekwaii töteten sie, schnitten ihre Köpfe ab und traten sie wie bei einem Ballspiel vor meinen Augen hin und her.«

Daagoo hörte schweigend zu. Sein Herz füllte sich mit Mitleid, als er an das zuversichtliche junge Mädchen dachte, das er damals getroffen hatte, und das so grausam behandelt worden war. Jutthunvaa' fuhr fort.

»Danach verlor ich all meine Beherrschung und

wurde wie der Mann, der mich gefangenhielt. Ich war so voller Haß, daß ich sie alle tötete, sogar meinen eigenen Sohn. Die einzige, die ich am Leben ließ, war die alte Frau, die mich freundlich behandelt hatte.«

Jutthunvaa' fühlte sich plötzlich sehr müde, als hätte sie lange Zeit nicht geschlafen. »Bis heute weiß ich nicht, was ich empfinden soll, wenn ich an den Tod meines Sohnes denke. Ich habe alles so lange in mir vergraben, daß es mir nicht einmal mehr wirklich vorkommt. Aber an jedem neuen Tag, der vergeht, weiß ich, daß es gut ist, am Leben zu sein.«

Daagoo nickte verständnisvoll. Dann begann er, Jutthunvaa' von seinem Leben zu erzählen. Sie lauschte, als er ihr von dem Tod seiner Frau und seiner Kinder berichtete und auch von dem Mord an seinem Vater.

»Ich habe nie richtig um meinen Vater geweint«, sagte er leise. »Alles geschah so schnell, und ich hatte gar keine Gelegenheit dazu. Wenn ich heute an ihn denke, erlaube ich mir nur Gedanken an die guten Erinnerungen.«

Die beiden redeten miteinander bis tief in die Nacht hinein. Sie entdeckten, daß es ihnen leicht fiel, ihre Geheimnisse zu teilen. Als Daagoo dann Jutthunvaa's Zelt verließ, um zum Lager zurückzukehren, fühlten sie sich wie alte Freunde.

Den ganzen Winter über ging Daagoo regelmäßig zu Jutthunvaa's Lager. Dies geschah nicht unbemerkt, und eines Tages erkundigte sich Vasdik bei Daagoo: »Möchtest du sie zur Frau nehmen?«

Daagoo errötete. »Nein, so ist es nicht.« Er erklärte ihm, daß er und Jutthunvaa' sich schon lange Zeit kannten und vieles gemeinsam hätten. Und er sagte dem Häuptling auch, daß sie nicht im geringsten verrückt sei.

»Das überrascht mich«, erwiderte Vasdik, der niemals selbst mit der Frau gesprochen hatte. Er hatte einfach geglaubt, was alle über sie sagten. »Soll ich ihr sagen, daß sie zu uns kommen und bei uns bleiben soll?«

»Da mußt du sie selbst fragen«, erwiderte Daagoo. »Sie ist unabhängig und trifft ihre eigenen Entscheidungen.«

»Und was wirst du jetzt tun?« erkundigte sich Vasdik.

Daagoo wußte, daß er seine Pläne nicht länger vor dem Häuptling, der ihn inzwischen zu gut kannte, geheimhalten konnte. »Im Frühjahr werde ich mich auf die Suche nach meiner Mutter machen«, erwiderte er.

Der Anführer nickte und warnte ihn zugleich: »Es könnte sein, daß sie nicht mehr am Leben ist.«

»Daran habe ich auch schon gedacht. Ich bin darauf vorbereitet«, entgegnete Daagoo.

Der Frühling kam und Daagoo verabschiedete sich von der Sippe. Auch Jutthunvaa' war dabei. Daagoo hatte sie dazu ermuntert, sich der Sippe anzuschließen, und inzwischen wurde sie von allen im Lager respektiert. Als Daagoo sich noch einmal nach ihr umblickte, fragte er sich, ob dies wohl immer sein Schicksal sein würde: die Menschen verlassen zu müssen, die ihm etwas bedeuteten.

Er marschierte durch die arktische Landschaft, während die Sonne jeden Tag höher in den Himmel stieg. Manchmal wehte der Wind aus dem Norden bitter kalt. Aber während er gegen die Stürme ankämpfte, machte sich Daagoo keine Gedanken mehr über die Sonne und den Wind oder darüber, was in der Richtung liegen mochte, aus der sie kamen. Die vielen Jahre seiner Wanderschaft hatten diese Fragen zur Ruhe kommen lassen.

Er wußte, daß der Wind, die Sonne und die Sterne existierten, soweit der Geist zu wandern vermochte. Seine Neugier hatte ihn einst weit weggeführt von seinem Heimatland, aber Daagoo empfand nicht, daß seine lange Reise ihm größere Weisheit eingebracht hatte. Statt dessen dachte er nur an das kostbare Leben, das er im Land der Sonne gefunden und wieder verloren hatte. Nun war seine einzige Hoffnung, daß seine Mutter noch am Leben war, und er sich so um sie kümmern konnte, wie es ihm sein rastloses Herz in den Jahren zuvor nicht gestattet hatte.

Während er voranschritt, dachte er über sein merkwürdiges Leben nach. Es war schon so lange her, daß sein Vater ihm beizubringen versucht hatte, wie wichtig es für das Überleben war, daß

Menschen zusammenarbeiteten. Die Gwich'in richteten sich danach. Aber er war davongelaufen, um seinen eigenen Träumen zu folgen, und er hatte sie auch gefunden, um am Ende doch wieder alles zu verlieren. Er war viele Jahre umhergewandert, hatte weite Entfernungen zurückgelegt, und war doch wieder dorthin zurückgekehrt, wo alles angefangen hatte – in das Heimatland, das er einst verlassen hatte. Und nun suchte er nach der Familie, die er, genau wie sein Land, einst zurückgelassen hatte. Daagoo blickte in den klaren, blauen Himmel hinauf und wünschte sich, seinem Vater irgendwie sagen zu können, daß er endlich die Lebensweise seines Volkes verstand.

Nun konnte Daagoo die Schönheit seines eigenen Landes genießen und zufrieden noch einmal die altbekannten Pfade begehen. Seit Wochen folgte er jetzt schon den endlosen Wegen, die von einem Jagdgebiet zum anderen führten, aber er entdeckte kein Zeichen von seiner Sippe. Als sich der Sommer näherte, wurde ihm bewußt, daß er Vorräte für den Winter anlegen mußte. Deshalb marschierte er am Yuukon entlang flußaufwärts zu einer Stelle, wo sich der Fluß mit einem kleineren

Strom, der vom Karibuland heruntergeflossen kam, vereinigte.

Dort traf Daagoo schließlich wieder auf Vasdik und seine Sippe, mit denen er den letzten Winter verbracht hatte. Es war der Monat, in dem die Sonne am höchsten stand. Eine arbeitsreiche Zeit für die Gwich'in. Männer und Frauen bauten Fischfallen und Kanus, während die älteren Kinder die jüngeren beaufsichtigten und mit Spielen beschäftigten. Alle halfen dabei, möglichst viele von den Lachsen, die den breiten Fluß hinaufschwammen, zu fangen und zu trocknen. Am Abend aßen sie und ruhten sich aus. Um sich gegen die Moskitoschwärme zu schützen, die versuchten, ihnen und den sorgfältig eingewickelten Babys das Blut auszusaugen, rieben sie sich mit Bärenschmalz ein und trugen fest schließende Kleidung.

Eines Morgens, als Daagoo noch in seinem Zelt schlief, wurde er durch Geräusche von draußen geweckt. Er trat hinaus und sah, daß die Sippe Besuch bekommen hatte. Eine große Gruppe Fremder saß um das Lagerfeuer und sprach mit Vasdik. Manchmal trafen sich Sippen im Sommer, um Geschichten und Gegenstände, die sie von anderen, entfernt lebenden Stämmen, erworben hatten, zu tauschen. Diese Leute machen einen freundlichen Eindruck, dachte Daagoo, während er sie beobachtete. Unter den Besuchern gab es viele Frauen und Kinder, die sich zum Essen niederließen, während die Männer sich unterhielten.

Daagoo bemerkte, daß die Neuankömmlinge ihm immer wieder Blicke zuwarfen. Obwohl er ihre Unterhaltung nicht hören konnte, war er sich sicher, daß sie über ihn sprachen. Ihm wurde klar, daß Vasdik ihnen von seiner Reise ins Land der Sonne erzählte, und das schien eine große Aufregung unter den Besuchern zu verursachen. Schließlich stand der Häuptling auf und rief Daagoo.

Der erhob sich langsam, denn er wußte nicht, was ihn erwartete. Da ertönte aus der Menge ein Schrei, und Daagoo entdeckte eine großgewachsene, ältere Frau, die ihre Arme ausstreckte.

Einige Augenblicke lang starrte er die Frau an, bevor er sie erkannte.

»Mutter?« fragte er, und die Knie wurden ihm weich.

Shreenyaa eilte durch die Menge und schlang ihre Arme um ihn. Daagoo war wie betäubt, denn er hatte die Hoffnung, sie zu finden, fast schon aufgegeben. Doch nun hob er seine Mutter in die Höhe und hielt sie fest.

Die anderen Besucher versammelten sich eilig

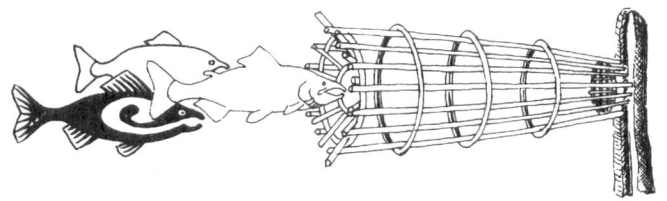

um Daagoo. Die Jungen, denen er das Jagen beigebracht hatte, waren inzwischen erwachsene Männer mit vielen Kindern. Die Frauen, die damals ihre Männer verloren hatten, waren nun Großmüt-
ter. Daagoo lächelte, als er sah, wie sehr sich ihr
Leben verändert hatte. Aber er selbst hatte sich
auch verändert.

Später am Tag teilten die beiden Sippen ihre
Freude bei einem Fest. Als sich die Aufregung langsam gelegt hatte, bemerkten die Gäste Jutthunvaa', die sie beobachtete. Vasdik erzählte ihnen ihre Geschichte. Die Besucher erinnerten sich, wie
sie diese Frau abgelehnt hatten – zuerst, weil sie
nicht heiraten wollte, und dann, Jahre später, weil
sie bei den Ch'eekwaii gelebt hatte. Viele schäm-
ten sich, weil sie sie so schlecht behandelt hatten.
Jutthunvaa' wollte mit den meisten Besuchern
kein Wort wechseln, da ihre Erinnerungen an sie
zu schmerzlich waren. Aber sie freute sich, Daagoos Mutter zu sehen, und begrüßte sie herzlich.

Der Häuptling der Gäste erinnerte sich daran,
wie Daagoo ihm einst das Jagen beigebracht hatte,
und bat ihn, sich seinen Leuten wieder anzuschließen. Daagoo dachte über das Angebot nach.
Als er im Land der Sonne gelebt hatte, war es ihm
möglich gewesen, allein zu überleben, aber hier,
im Schneeland, war er auf die Hilfe anderer Menschen angewiesen.

Er mußte sich für die eine oder die andere Sippe
entscheiden, bevor sich ihre Wege wieder trennten.

»Wie würdest du entscheiden, Mutter?« fragte Daagoo.

Shreenyaa zögerte nicht. »Erinnerst du dich an die Zeit, als die Sippe und ich dir dabei halfen, eine Entscheidung über unsere Zukunft zu treffen?« fragte sie. »Ich habe das damals getan, weil du jung warst und noch niemals zuvor eine solche Entscheidung hattest treffen müssen. Nun aber stehst du als erwachsener Mann vor mir und fragst mich, was du tun sollst?

Wenn ein Grizzly vor dir stünde, bereit, dich zu töten, würdest du mich dann auch fragen, was du tun sollst? Nein, denn du wüßtest, was zu tun wäre. Du würdest dich entscheiden, gegen ihn zu kämpfen, und versuchen, zu überleben. Auf diese Weise solltest du all deine Entscheidungen treffen – befrage dein Herz und deinen Verstand und höre nicht darauf, was andere sagen. Es ist dein Leben. Ich werde mit dir gehen, gleichgültig, für welche Sippe du dich entscheidest.«

Daagoo lächelte seine Mutter an. Wie schon sein Vater hatte auch sie ihm immer Freiheit gelassen und dazu noch weise Ratschläge gegeben. »Ich muß mich eines Tages meiner Eltern würdig erweisen«, sagte er sich selbst.

Am nächsten Morgen, als sich die Besucher zum Aufbruch bereit machten, trat der Häuptling der Sippe vor.

»Wir müssen weiterziehen, mein Lehrer. Wirst du mit uns kommen?«

Daagoo schüttelte den Kopf. Der Häuptling hatte Verständnis für seine Entscheidung.

»Wir werden dich wiedersehen«, sagte er zuversichtlich.

Bevor sie gingen, versammelten sich alle Besucher um Daagoo, um ihm Glück zu wünschen. Während Daagoo ihnen nachsah, legte er den Arm um die Schultern seiner Mutter.

Dann drehte er sich um und blickte an seinem Zelt vorbei zu Jutthunvaa', die die beiden beobachtete. Er streckte lächelnd seine andere Hand

aus. Jutthunvaa' zögerte. Doch dann kam auch sie zu ihm.

Gemeinsam beobachteten Daagoo, seine Mutter und Jutthunvaa' den Aufbruch all der Menschen aus ihrer Vergangenheit. Sie würden die Vergangenheit hinter sich lassen und der Zukunft entgegengehen.

Nachwort der Autorin

Die Geschichte, die Sie gerade gelesen haben, basiert auf zwei Legenden, die mir meine Mutter vor langer Zeit erzählt hat. Solche Geschichten, in denen es um Menschen geht, die von der »Normalität« abweichen, üben eine besondere Faszination auf mich aus. Vielleicht spiegelt das meine wahre Natur wider, denn ich habe die Geschichte von Jutthunvaa' und ihren schweren Prüfungen niemals vergessen.

Meine größte Sorge beim Schreiben galt der Gewalttätigkeit in Jutthunvaa's Geschichte. Obwohl ich die Morde an Daagoos Frau und seinen Kindern erfunden habe, um ihm einen guten Grund zu geben, zu seinen Leuten, den Gwich'in, zurückzukehren, so ist die Gewalttätigkeit in Jutthunvaa's Geschichte doch ein wesentlicher Bestandteil der ursprünglichen Legende. Am Ende hat sie tatsächlich die Menschen, die sie gefangenhielten, getötet. Die Herausforderung lag für mich darin, ihre Motive – und die ihrer Folterer – glaubhaft zu gestalten.

Als ich die erste Fassung von Jutthunvaa's Geschichte schrieb, war ich gegenüber ihrem Entführer voreingenommen, denn ich war mit Geschichten über die Eskimos groß geworden, die den Haß gegen diese Menschen schürten. Ich mußte mich erst von einigen meiner Vorurteile, die man mich als Kind gelehrt hatte, lösen. In der überarbeiteten Fassung habe ich mich bemüht, die Ch'eekwaii ein wenig menschlicher darzustellen.

Später dann kamen mir angesichts der Morde, die Jutthunvaa' begeht, Bedenken. Plötzlich wollte ich politisch korrekt sein und Jutthunvaa' trotz ihrer Qualen ohne Haß und Rache davonziehen lassen. Aber diese politisch korrekte Version klang nicht überzeugend. Wie konnte eine Frau, die entführt und vergewaltigt worden war und deren Brüder man ermordet hatte, so leicht vergeben? Am Ende entschloß ich mich dazu, der Legende treu zu bleiben.

Was Daagoos Geschichte angeht ... nun, diese Legende war ausgesprochen vage. Meine Mutter erzählte mir, daß der Mann, der der Sonne folgte, unterwegs einige fremde Stämme traf und im Land der Sonne Pferde entdeckte. Jahre später kehrte er dann wieder zu seinen Leuten zurück. In dieser Geschichte mußte ich einige Lücken füllen.

Eine wesentliche Ergänzung war Daagoos Frau. Anfangs wollte ich eine Yaqui aus ihr machen, aus der Region, die später zu Mexiko und Kalifornien wurde. Die Yaqui erinnerten mich wegen der Invasionen, die sie zu erleiden hatten und überlebten, an die Bewohner der Küste Alaskas. Ich bewundere ihre Zähigkeit. Aber da ich andere Kulturen nicht bis ins kleinste Detail beschreiben und mit einem dicken Roman enden wollte, beschloß ich, ihre Herkunft lediglich anzudeuten.

Die Idee, ein Lied zum Tausch anzubieten, kam mir 1982, als ich anläßlich des Smithsonian Arts Festival in Washington, D.C., eine Gruppe von indianischen Kunsthandwerkern betreute. Ein Tlingit erzählte mir, daß seine Leute im Besitz eines Liedes seien, das sie durch Tausch von den Gwich'in erhalten hatten. Er wußte nicht, auf welche Weise oder warum das Lied getauscht worden war, sondern nur, daß meine Leute es nie wieder singen durften. Wenn ein Lied erst einmal getauscht worden ist, wird es zum alleinigen Eigentum des Stammes, der es erworben hat. Später konnte ich nicht widerstehen, der Erzählung von Daagoos Reise durch das Land der Tlingits diese Geschichte hinzuzufügen. Das Lied, das er singt, ist eins, das wir als Kinder häufig gesungen haben.

Sehr früh schon habe ich mich entschlossen, außer den Tlingits auf Daagoos Reise keine weiteren Stämme einzuführen. Die Ureinwohner Amerikas trauten einander nicht und beschützten ihre Territorien, so daß Daagoo niemals hätte überleben können, wenn er all den verschiedenen Stämmen begegnet wäre, die an der Pazifikküste lebten. Daher verwandelte ich ihn in eine Art Robinson Crusoe, der seine Fußabdrücke auf den sandigen, unberührten Stränden hinterläßt.

Das mag vielleicht so klingen, als ob sich die

Ureinwohner damals ständig gegenseitig umbrachten. Das war jedoch nicht immer so. Die Inupiat und die Athabasken waren beispielsweise imstande, durch ein Tauschsystem, an dem auch andere Stämme Alaskas beteiligt waren, miteinander in Beziehung zu treten. Es ist wahr, daß die Inupiat und die Athabasken wegen der schrecklichen Dinge, die sie sich im Laufe der Jahre zugefügt hatten, verfeindet waren, aber es waren die Geschichten der Stammesältesten, die uns schon als Kinder dazu brachten, die Eskimos abzulehnen.

Die Geschichte dieses Buches mag einige dieser Erinnerungen aufrühren. Es ist jedoch nicht meine Absicht, damit an Wunden zu rühren, die schon seit langem verheilt sind. Ich möchte einfach eine Geschichte über zwei junge Leute erzählen, die vor langer Zeit geboren wurden und sich gegen die tiefverwurzelten Traditionen gestellt haben. Die wesentliche Aussage dieser Geschichte ist, daß wir alle unser Zuhause aus verschiedenen Gründen verlassen, um doch eines Tages wieder dorthin zurückzukehren. Und das gilt beinahe für jeden Menschen.

Velma Wallis

Nachwort des
Häuptlings Iggiagruk

Als Inupiaq war ich anfangs erschüttert, daß die Mitglieder meines Stammes in den athabaskischen Legenden, die *Das Vogelmädchen und der Mann, der der Sonne folgte* zugrunde liegen, als Verbrecher geschildert werden. Ich wuchs an Alaskas arktischer Küste auf, und zu meinen frühesten Kindheitserinnerungen gehören Geschichten über die Kriege zwischen den Inupiat und den Athabasken aus dem Landesinneren. Ein Jahrtausend lang teilten sich diese beiden Völker eine Grenze, und so ist es verständlich, daß es zu Auseinandersetzungen über Jagdgebiete kam.

In den Geschichten, die man uns erzählte, wurden wiederum die Athabasken als hinterhältig und wenig vertrauenswürdig geschildert. Wer mit ihnen zu tun hatte, sollte sich also besser in acht nehmen.

Velma Wallis hat dem *Vogelmädchen* athabaskische Legenden zugrunde gelegt, um das Leben im alten Alaska zu porträtieren, so wie es aus der Sicht ihrer Kultur wahr klingen mag. Es ist eine faszinierende Beschreibung des Lebens in einer Zeit, in der Regeln und Traditionen, Stärke und Wissen,

Verpflichtung und Pflicht im Kampf gegen die arktischen Elemente unabdingbar waren. In bezug auf diese Werte waren sich die beiden Kulturen sehr ähnlich.

Die beiden Hauptfiguren der Geschichte, Daagoo und Jutthunvaa', das Vogelmädchen, geraten mit diesen Werten in Konflikt. Sie erleben die gleichen Schwierigkeiten, denen sich die Individuen aller Kulturen gegenübersehen, wenn ihre Ideen und ihr starker Wille, diese Ideen auch umzusetzen, das Überleben und die Solidarität der Gruppe bedrohen.

Trotz der Konflikte gab es auch Positives in den Beziehungen zwischen den Inupiat und den Athabasken der früheren Zeiten: ausgedehnten Handel, Bündnisse, Eheschließungen und Austausch von technischem Wissen.

In der heutigen Zeit ist die Kooperation zwischen den Inupiat und den Athabasken hinsichtlich ihres gemeinsamen Kampfes um das Territorium ihrer Vorfahren bemerkenswert. Das eine Ziel, nämlich ihre Sprachen und Traditionen wiederzubeleben, vereint die beiden Gruppen.

Für beide Kulturen sind die Feinde heute der fehlende Gemeinschaftssinn, die Ablenkungen des modernen Lebens, Identitätskrisen und der Verlust der Sprache.

Die Legenden dieses Buches antworten auf solche Probleme mit einer hoffnungsvollen Botschaft. Trotz all der Prüfungen und all des Leids in ihrem Leben haben Daagoo und Vogelmädchen den Mut, die Erfüllung ihrer Hoffnungen und Träume anzustreben und dabei ihrem Herzen und ihrem Verstand zu folgen, ohne jemals die Fähigkeit zu verlieren, auf die Zukunft zu vertrauen.

Iggiagruk (William L. Hensley)

William L. »Willie« Hensley, ein berühmter Häuptling der Inupiat, ist Mitbegründer der Alaska Federation of Natives, *deren Ziel es ist, Alaskas Ureinwohner zu vereinen.*

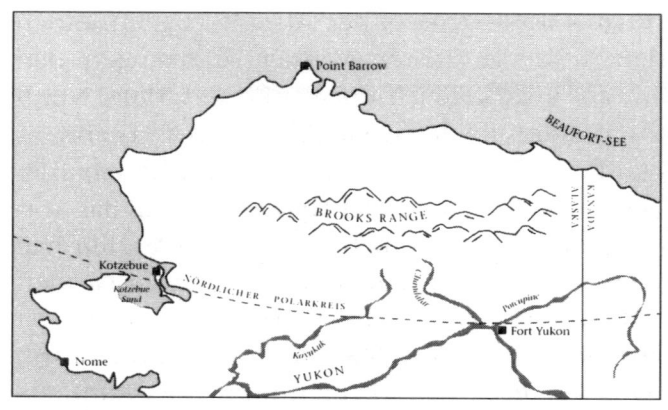

Gwich'in und Inupiat

Die Gwich'in-Athabasken, die Velma Wallis in ihrer Geschichte beschreibt, leben heute im Osten Alaskas und Westen Kanadas entlang des Yukon, des Porcupine und des Tanana. Anthropologen sind allerdings der Ansicht, daß die Gwich'in einmal andere Landstriche besiedelt hatten: im Norden, in den Bergen von Brooks Range und den Tiefebenen und Tälern entlang des oberen Teils des Koyukuk und möglicherweise noch weiter westliche Landstriche in Richtung der Kotzebue-Bucht. Auf der Suche nach Antworten, warum die Gwich'in nach Süden gezogen sind, haben sich die Anthropologen mündlichen Überliefe-

216

rungen der Ureinwohner Alaskas zugewandt, in denen das gespannte Verhältnis zwischen den Gwich'in und den Inupiat – den Eskimos Nordalaskas, die von den Gwich'in Ch'eekwaii genannt wurden – beschrieben wird. Die Wissenschaftler beschäftigen sich mit der Hypothese, daß das Vordringen der Inupiat in Territorien, die traditionell von den Gwich'in bewohnt wurden, zu Gewalttätigkeiten in Form von Überfällen führte, die zur Entvölkerung beider Stämme beitrugen. Es kann sein, daß die Gwich'in aufgrund solcher Konflikte das »Kampfgebiet« verließen und nach Osten und in den Süden zogen.

Verschiedene athabaskische Geschichten beschreiben, wie bei Racheakten der Athabasken oder auch der Inupiat ganze Dörfer durch nächtliche Überraschungsangriffe des Feindes zerstört wurden. Die Angreifer verstopften die Rauchlöcher der halb unterirdisch gelegenen Unterkünfte und steckten diese dann in Brand, während die Bewohner schliefen. Diese Feuer, die mit Hilfe von Birkenrinde oder Moos entzündet und mit Tierölen, wie beispielsweise Walöl oder Bärenschmalz, angeheizt wurden, erstickten die Bewohner, noch bevor die Flammen alles vernichteten. Ein ausführlicher Bericht eines solchen Angriffs ist im Tagebuch des Arztes Edward Adams zu finden. (Unveröffentlichtes Manuskript, Scott Polar Institute, Cambridge, England, 1851).

Auf solchen Geschichten basieren die Geschehnisse in *Das Vogelmädchen und der Mann, der der Sonne folgte.* Sie wurden den Kindern schon in jungen Jahren erzählt, um immer wieder die tiefverwurzelte Angst eines möglichen Aufeinandertreffens von Gwich'in und Inupiat zu schüren. Die drohenden Gewalttätigkeiten machten ein engmaschiges Bündnisnetz zwischen befreundeten Stämmen notwendig, so daß einzelne Sippen geschützt waren, wenn sie durch benachbarte Territorien zogen. Aufgrund solcher Bündnisse konnte eine Sippe der Gwich'in durchaus den Verlust ihrer produktivsten Mitglieder – der Jäger – überleben, wie wir es in der Geschichte von Daagoos Sippe erleben.

In Zeiten, da die Forschung mehr und mehr den Wert mündlicher Überlieferungen anerkennt und sich bemüht, den Kontext solcher Parabeln zu verstehen, ist das Werk von Velma Wallis wie ein Fenster, durch das die Leser die Lebensweise der frühen Bewohner Alaskas betrachten können.

Miranda Wright

Miranda Wright, eine Anthropologin, leitet im Auftrag der Doyon Foundation die Kulturerbe- und Ausbildungsprogramme für die athabaskischen Einwohner Zentralalaskas.

Danksagung

Mein Dank gilt Lael Morgan, der mir dabei geholfen hat, diese Geschichte zu schreiben. Ohne dich wäre dieses Buch nie zustande gekommen. Dein lapidares »Du schaffst das schon!« hat mich bei der Stange gehalten. Vielen Dank, mein Lehrer!

Mein Dank geht auch an meine Mutter, die sich liebevoll um meine Kinder gekümmert hat, während ich arbeitete. Und hab noch einmal Dank für die beiden Legenden. Ohne dich hätte ich niemals den Wunsch verspürt, Geschichten zu erzählen.

Danke Barry, mein Bruder, Mentor, Freund, mein größter Kritiker, der du – wie ich – an den Traum glaubst, daß bessere Zeiten kommen werden.

Danke an Kent Sturgis, Christine Ummel und Elizabeth Wales, die mich unterstützt haben, als ich den Glauben an mich verloren hatte. Ein tausendfaches Dankeschön an Christine Ummel, die so hervorragende Arbeit geleistet und dem Manuskript den letzten Schliff gegeben hat und deren taktvolle, sanfte, inspirierende Art mir immer eine große Hilfe war. Ihre Arbeit ist nicht einfach.

Ich respektiere Sie und Ihr Talent als Lektorin, denn ohne Lektoren gäbe es keine guten Bücher.

Danke an Linda Wells und das *Rural Education Center* in Fort Yukon, die mir gestatteten, Bücher, Aufsätze und einen Computer zu benutzen.

Noch einmal herzlichen Dank an Judy Erick of Venetie, die mir mit der Schriftsprache der Gwich'in geholfen hat.

Und zu guter Letzt gilt mein Dank noch Jim Grant, ohne dessen Illustrationen meine Geschichten niemals wirklich lebendig geworden wären.

Gott segne euch.

Mahsi'

Velma Wallis

Autorin Velma Wallis mit ihren zwei Kindern,
Daagoo und Laura Brianna

Über die Autorin

Velma Wallis wurde 1960 in Fort Yukon geboren, einem abgelegenen Dorf in Zentralalaska
mit ungefähr 650 Einwohnern. Wallis wuchs
in einer traditionellen athabaskischen Familie auf
und war eins von dreizehn Kindern. Als sie dreizehn war, starb ihr Vater und sie verließ die Schu-
le, um ihrer Mutter zu helfen, die jüngeren Ge-
schwister großzuziehen.

Wallis zog später in die Fallensteller-Hütte ihres
Vaters, die ungefähr zwölf Meilen von ihrem Dorf
entfernt lag. Mit Unterbrechungen lebte sie dort
zwölf Jahre lang allein und erlernte die traditio-

nellen Fertigkeiten der Jagd und des Fallenstellens. Sie war eine begeisterte Leserin und begann, nachdem sie ihren High-School-Abschluß nachgeholt hatte, ihr erstes literarisches Projekt: sie schrieb eine Legende über zwei verlassene alte Frauen und ihren Überlebenskampf nieder, die ihr ihre Mutter erzählt hatte.

Aus dieser Geschichte entstand ihr erstes Buch, *Zwei alte Frauen*, das 1993 unter dem Titel *Two Old Women* bei Epicenter Press erschienen ist. Als ihr zweites Buch, *Das Vogelmädchen und der Mann, der der Sonne folgte*, in Druck ging, lebte Wallis mit ihren beiden Kinder in Fort Yukon, verbrachte aber auch viel Zeit im Nachbardorf Venetie.

Über Jim Grant

James L. Grant Sr. wurde 1946 in Tanana, Alaska, als Athabaske geboren. Er wurde adoptiert und wuchs unter dem Namen James G. Schrock in Südkalifornien auf. 1967 wurde er in die amerikanische Armee eingezogen und studierte in der Zeit, in der er in Europa stationiert war, die alten Meister. Später besuchte er das Chaffey Junior College in Alta Loma, Kalifornien, und kehrte dann nach Alaska zurück, um an der Universität von Alaska, in Fairbanks, indianische Kunst zu studieren. Außer Bleistift- und Tintenzeichnungen umfaßt seine Kunst Skulpturen, Maskenanfertigungen und Ölmalerei. Er lebt zur Zeit in Fairbanks, Alaska.